浙江省社会科学界联合会研究课题成果
（课题编号：2022B20）

U0681155

古为今用

# 良渚文化玉器纹饰艺术

STUDY ON JADE DECORATIVE PATTERN OF LIANGZHU CULTURE

黄璐 著

ZHEJIANG UNIVERSITY PRESS
浙江大学出版社
·杭州·

图书在版编目（CIP）数据

古为今用：良渚文化玉器纹饰艺术 / 黄璐著. —
杭州：浙江大学出版社，2022.11
ISBN 978-7-308-22612-7

Ⅰ. ①古… Ⅱ. ①黄… Ⅲ. ①良渚文化－古玉器－
器物纹饰(考古)－研究 Ⅳ. ①K876.84

中国版本图书馆CIP数据核字（2022）第078479号

## 古为今用：良渚文化玉器纹饰艺术

黄　璐　著

| | |
|---|---|
| **策划编辑** | 包灵灵 |
| **责任编辑** | 陆雅娟 |
| **责任校对** | 徐　旸 |
| **封面设计** | 周　灵 |
| **出版发行** | 浙江大学出版社 |
| | （杭州市天目山路148号　　邮政编码　310007） |
| | （网址：http://www.zjupress.com） |
| **排　　版** | 杭州林智广告有限公司 |
| **印　　刷** | 杭州宏雅印刷有限公司 |
| **开　　本** | 880mm×1230mm　1/32 |
| **印　　张** | 8.25 |
| **字　　数** | 202千 |
| **版 印 次** | 2022年11月第1版　2022年11月第1次印刷 |
| **书　　号** | ISBN 978-7-308-22612-7 |
| **定　　价** | 68.00元 |

良渚遗址是实证中华五千年文明史的圣地，是不可多得的宝贵财富，我们必须把它保护好。

—— 习近平

# 前　言

　　环太湖流域经过马家浜文化（公元前4750—前3700年）和崧泽文化（公元前3900—前3200年）发展的积淀，在距今5000余年时形成了良渚文化，迎来了中国早期区域文明发展的第一个高潮。良渚文化是中国新石器时代晚期最为重要的考古学文化，以黑陶和磨光玉器为代表，距今5200—4200年，主要分布在长江三角洲太湖平原地区。在良渚文化时期，稻作农业已相当发达，手工业趋于专业化，存在明显的社会分化和统一信仰，大型祭坛、水利工程和城址的建造成为早期区域性国家形态的印证。考古学界认为"良渚文化是中华文明的一个源头"，是"满天星斗"的史前文明中最耀眼的一颗星，是实证中华五千年文明的圣地。

　　独特的玉器是良渚文化的国之重器，礼之所依。以琮、璧、钺为代表的玉礼器和神人兽面纹神徽，展现了一个以神权信仰为纽带的文明模式，是探寻远古社会形态的活化石。良渚玉器纹饰以其繁缛神秘的艺术风格、出神入化的工艺之道，成为史前装饰艺术和工艺美术的代表，是良渚人用远古美学观念所创造的，具有特殊象征意义的艺术符号，蕴含了先民的思想观念、宗教信仰和审美趣味。因此，对纹饰的识读，是理解良渚人精神世界的关

键所在。

对良渚文化玉器的研究，不仅涉及考古学，也是艺术史研究的重要内容。这种跨学科的综合研究不但能扩展学科研究范围，还能加深人们对良渚文化的认识，弘扬传统文化之精华。良渚文化玉器是特定历史时空的产物，如果简单地把它当作史前艺术品欣赏，或者单纯从装饰艺术角度对器物的形制和纹饰进行研究，而不去分析其所处的社会、政治、文化、宗教等历史环境因素，就无法发现和领会玉器真正的文化内涵和艺术价值，也无法理解它在中华文明起源中的特殊意义。

目前关于良渚文化玉器的研究，大多基于考古学角度，较少

从艺术学视角展开，研究玉器纹饰的专著极少，对其所蕴含的远古观念形态和美学价值的认识尚处于起步阶段。本书采用跨学科、渐进式的研究策略，以考古资料为支撑，汇集良渚遗址群的重要考古事件、考古研究等诸多内容，帮助我们还原良渚文化玉器所处的历史时空。从艺术学、人类学角度解析良渚文化玉器的形制、纹饰、工艺等要素，探寻艺术与原始宗教的关系，探讨远古玉器功能的演变和用玉制度的形成，也有助于感知玉器纹饰发展中的艺术逻辑与人文背景。书中聚焦良渚玉器典型纹饰及发展脉络研究，深入解读玉器所承载的信仰与传统，找寻并捕捉蕴藏其中的良渚文化基因，并通过现代设计方法进行创新演绎，让遗

产活态传承，历久弥新。

古老而神秘的良渚玉器纹饰，积淀着深沉的历史力量，浸润着一个民族的审美记忆和情感共鸣。将玉器纹饰古为今用，挖掘其中的美学和历史价值，植入现代艺术设计领域，通过创意设计将传统文化元素和现代审美的认同点进行合理转化，推动地域特色城市文化IP、文创周边产品的开发和良渚玉器纹饰艺术的美学传播，具有现实意义，亦是本书的出发点和落脚点。用艺术研究和设计实践寻找地域文化中的"历史记忆"，用课程教学和作品创作等方式拉近当代年轻人和在这片土地上生活过的原始先民的时空距离，能让更多的民众重新发现、认识和理解良渚文化之美，推动良渚玉器纹饰的社会认知和美学传播，让良渚文化遗而不失，成为增强民族文化自豪感和自信心、实现中华民族伟大复兴的重要动力和源泉。

本书在写作过程中涉及的图文资料较多，引述了大量学者的研究成果，在此表示衷心感谢！

# 目 录

# 第一章
## 消逝千年的文明古国

　　良渚，本是杭州市西北郊一个普通小镇，位于钱塘江北岸，浙西天目山余脉与杭嘉湖平原的接壤地带，这里以山为郭，水网遍布，鱼肥稻香，是典型的江南鱼米之乡，1936 年施昕更[①]先生就是在这里发现了良渚遗址。天目山脉是长江和钱塘江的分水岭，逶迤向东，直至余杭的瓶窑、安溪、良渚一带。瓶窑镇距离良渚约 10 千米，源自天目山脉的东苕溪从镇上流过，溪的上游有上千平方千米的山地，南苕溪、中苕溪和北苕溪在镇前汇聚，向北注入太湖。瓶窑镇的东面是天目山余脉和以瓶窑山为主的低山丘陵区，再向东则是逐渐敞开的冲积平原。良渚古城遗址就是在这样一个依山面水的环境中被发现的。

　　从目前的考古发现来看，良渚古城遗址是良渚文化权力和信仰的中心，展现了一个存在于中国新石器时代晚期以稻作农业为经济支撑、存在社会分化和统一信仰体系的早期区域性国家形态。良渚古城遗址规模宏大，分宫殿、内城、外城三重结构，城内河道水网密布。从宫殿区、王陵区、仓储区和作坊区的功能布

---

[①]　施昕更（1911—1939），原名兴根，余杭县良渚镇人。浙江省立西湖博物馆（现浙江省博物馆）自然科学部地质矿产组助理干事，后任绘图员，对考古有浓厚兴趣。1936 年，施昕更在良渚进行了三次考古发掘，其间出土了大量的石器和陶器；1938 年，出版了《良渚——杭县第二区黑陶文化遗址初步报告》。施昕更成为良渚遗址的第一个发现者，是探索良渚文化和良渚文明的先驱。

局上，遗址显示出明显的城市文明特征，为中华五千年文明史提供了有力实证。古城外围还分布着具防洪、运输和灌溉等功能的大型水利系统。整座古城的规划格局与周边的山形水势充分契合，尽显良渚人杰出的规划理念与营造技术，是中国乃至东亚地区早期城市规划的典范，被誉为"中华第一城"。

2019 年 7 月 6 日，"良渚古城遗址"成功列入世界遗产名录，这标志着中华五千年文明的灿烂与辉煌被联合国教科文组织和国际主流学术界广泛认可，对世界史前文明起源研究产生了深远的影响。图 1.1 为良渚古城遗址从 1936 年至 2019 年的考古发现大事记。

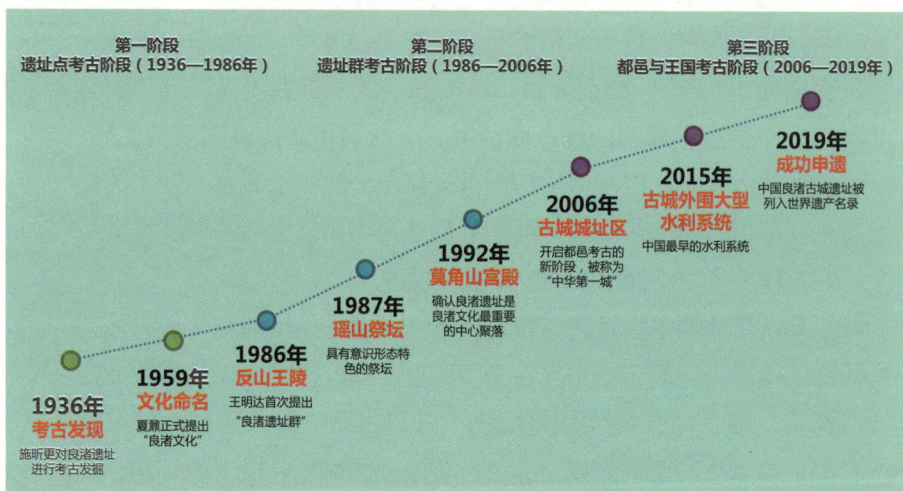

**第一阶段**
遗址点考古阶段（1936—1986年）

**第二阶段**
遗址群考古阶段（1986—2006年）

**第三阶段**
都邑与王国考古阶段（2006—2019年）

**2019年**
**成功申遗**
中国良渚古城遗址被列入世界遗产名录

**2015年**
**古城外围大型水利系统**
中国最早的水利系统

**2006年**
**古城城址区**
开启都邑考古的新阶段，被称为"中华第一城"

**1992年**
**莫角山宫殿**
确认良渚遗址是良渚文化最重要的中心聚落

**1987年**
**瑶山祭坛**
具有意识形态特色的祭坛

**1986年**
**反山王陵**
王明达首次提出"良渚遗址群"

**1959年**
**文化命名**
夏鼐正式提出"良渚文化"

**1936年**
**考古发现**
施昕更对良渚遗址进行考古发掘

图 1.1　良渚古城遗址的考古发现大事记

## 一、"良渚遗址"的发现

在很长一段时间里，远古的江南被视为"化外"之地，"吴越以前的事迹茫然无所知"①。20 世纪 30 年代，著名学者卫聚贤、何天行等 200 多位学、政界名流成立"吴越史地研究会"②，由蔡元培任名誉会长，以研究吴越古文化为宗旨，以江浙考古和吴越古文化的研究与传播为己任，先后在江苏、上海、浙江发现大量印纹陶遗址与新石器时代遗址。研究会的考古活动是江南史前考古的开始，填补了江南考古的空白，推动了中国古代区域文化的研究与发展。其中，杭州古荡新石器时代遗址的考古实践直接激发了施昕更、何天行③发掘和研究良渚遗址的考古热情。

1935 年，当时任职于浙江省立西湖博物馆地质矿产组的年轻人施昕更参与发掘杭州古荡新石器时代遗址时，敏锐地发现出土器物中的有孔石斧，与家乡杭县良渚镇（今杭州市余杭区良

---

① 卫聚贤 . 杭州古荡新石器时代遗址之试掘报告序 // 杭州古荡新石器时代遗址之试掘报告 . 北京：北京大学图书馆，1996：序 1.
② 吴越史地研究会：20 世纪 30 年代，中国学术界兴起了对区域文化的研究，当时有一个新观念：中国自古以来是一个多民族、多地区的国家。吴越文化是中国最早推出的区域文化，20 世纪 40 年代兴起的是巴蜀文化，建国后最早开始研究的是楚文化。
③ 何天行（1913—1986），字摩什，浙江杭州人。于 1937 年 4 月出版了《杭县良渚镇之石器与黑陶》，该书采用中英文对照的形式，1939 年流传到海外，是较早将良渚文化介绍到海外的一本著作，也是良渚文化研究的开山之作。1935 年冬，何天行先生在良渚踏看遗址时发现了一个椭圆形的黑陶盘，上面刻有十几个符号，经过与甲骨文、金文中的符号对照分析发现，其中有七个在甲骨文中找到了同形字，又有三个在金文中找到了同形字，因而断定这些符号为初期象形文字，得到了学术界的重视和肯定。把这些刻符定性为文字而非图画不是件容易的事情，需要胆量和学识，何天行先生慧眼识珠，成为发现良渚黑陶文字的第一人。

渚街道）出土的石器十分相似，施昕更猜测古荡和良渚这两个地方存在关联性，之后到良渚进行了多次实地考察，终于在良渚镇附近棋盘坟的干涸池底捡得石器数件，又在地面发现许多陶器碎片，其中有陶鼎足。在西湖博物馆的支持下，施昕更报请当时的中央古物保管委员会，申请对良渚遗址进行正式的田野考古发掘。1936—1937年，施昕更团队先后三次在杭县对良渚、安溪、瓶窑一带进行考古挖掘，发现了一批新石器时代晚期遗存。1938年，施昕更几经周折出版了五万余字、收录百余张图片的《良渚——杭县第二区黑陶文化遗址初步报告》，引起国内外学术界的瞩目。考虑到当时最新的考古报告都以小地名为名，施昕更也仿效了这种做法。"遗址因为都在杭县良渚镇附近，名之良渚，也颇适当。渚者，水中之洲也；良者，善也。"[①]后因战争吃紧，他暂停考古工作，在抗日救国中因病早逝。1936年施昕更对良渚遗址的调查发掘后来被认定为良渚文化的首次发现，成为良渚遗址考古和良渚文化研究的开端。

在良渚博物院的一个展柜中，展示着施昕更名为《良渚》的考古报告。书的扉页上写着一句话："谨以此书纪念我的故乡。"他认为，远古时期吴越地区是孕育中华文化的源流之一："杭县为浙西平原地，亦钱塘江下游滨海冲积平原……河流罗织，人烟稠密，土地肥沃，气候适宜……在古代能孕育很早的文化，有它地理上的因素存在的。"[②]中国社会科学院考古研究所所长陈星灿认为，该报告是历史上第一次准确无误地向学术界展示长江下游的史前文化的文献。

---

① 施昕更.良渚——杭县第二区黑陶文化遗址初步报告.杭州：浙江省教育厅，1938: 6.
② 施昕更.良渚——杭县第二区黑陶文化遗址初步报告.杭州：浙江省教育厅，1938: 6.

## 二、"良渚文化"的命名

　　在考古学上，"遗址"和"文化"是两个不同的概念。遗址是指人类活动的遗迹，其特点表现为不完整的残存物，具有一定的区域范围，史前遗址大多深埋地下。考古学意义上的文化是考古学研究中的专门术语，用以表示考古遗存中所观察到的人类社会生产、生活实践留下来的遗迹。对考古学文化进行研究，除了要解决时代和分期以外，还要研究它的内容、特征、分布范围、起源、发展，以及同其他文化的联系等。当一种文化发展成为显然不大相同的另一类型时，可称为同一文化的一个新阶段（或时期）；如果发生了质的改变，则应视为另一文化。中国远古的遗址一般都不是单一性的，一处遗址往往包含有多个时期的文化堆积，所以在包含良渚文化遗存的许多遗址被发掘的同时，在地层序列上也逐渐确立了良渚文化—崧泽文化—马家浜文化的叠压关系，从而为探寻良渚文化的渊源，建立环太湖地区的考古文化序列奠定了基础。

　　良渚遗址被发现时，中国新石器时代考古学文化谱系还没完全建立起来，大部分地区仍停留在只知道仰韶文化和龙山文化的阶段，广泛分布在长江下游地区的这类文化被称为"黑陶文化"，被认为是龙山文化的分支。后来随着江浙一带的诸多文物在考古发掘中出土，有学者逐渐意识到良渚遗物的特征与龙山文化存在着明显差异，且地域上又相距较远，应当属于独立的文化体系。

1959 年，著名考古学家夏鼐先生在对"考古学文化"命名原则的阐述中，正式提出和肯定了"良渚文化"的考古学命名。他认为"太湖沿岸和杭州湾的良渚文化，是受了龙山文化影响的一种晚期文化"。①

　　1977 年，夏鼐在《碳 –14 测定年代和中国史前考古学》一文中依据碳 –14 数据对良渚文化的延续时间进行了更正补充："马家浜文化年代约为公元前 4750—前 3700 年，相当于中原的仰韶文化；长江下游承继马家浜文化的是良渚文化，延续时间也达一千年 [ 一百年 ] 左右，即公元前 3300—前 2200 年，相当于黄河流域的河南龙山文化与山东龙山文化，而开始的时代则要较早。"②

---

① 夏鼐 . 长江流域考古问题——1959 年 12 月 26 日在长办文物考古队队长会议上的发言 . 考古，1960（ 2 ）：1-3. 夏鼐（1910—1985），字作铭，浙江温州人，新中国考古工作的主要指导者和组织者，中国现代考古学的奠基人之一，中国科学院院士，获英国学术院、德意志考古研究所、美国全国科学院等七个外国最高学术机构颁发的荣誉称号，人称"七国院士"。1959 年 12 月，夏鼐在长江流域规划办公室文物考古队队长会议上，作了《长江流域考古问题》的报告，正式提出了"良渚文化"的考古学命名，认为良渚文化是环太湖流域新石器时代的重要一环。
② 夏鼐 . 碳 –14 测定年代和中国史前考古学 . 考古，1977（ 4 ）：225.

## 三、反山王陵遗址

作为区域性的土著古文化，良渚文化在全国众多的考古学文化中并不"显眼"，转折点出现在 1973 年江苏吴县草鞋山遗址的发掘。对贵族墓葬的考古发掘首次确认了琮、璧、钺等玉器是良渚文化的随葬品，从而确立了历史上大量被误判为"周汉之玉"的玉器真正的历史坐标。继而在上海市青浦区福泉山遗址，江苏省武进县寺墩遗址、吴县张陵山遗址的挖掘中进一步确证了琮、璧、钺等玉器是良渚文化的特征之一，极大地丰富了良渚文化的内涵。这种随葬大量玉礼器的良渚文化贵族墓葬，有一个显著的特点是均埋在当时人工营建的高台土墩上，形成一座座江南平原上被称为"山"或"墩"的土台。著名考古学家苏秉琦[①] 教授形象地将其比喻为"土筑金字塔"[②]。

随着层出不穷的良渚文化重大考古发现，良渚文化的研究也呈现出一派欣欣向荣的景象。人们惊讶地发现，良渚文化不光有黑陶，还有丰富精美的玉器、漆器、象牙器等，曾被乾隆皇帝当成汉代宝贝收藏的清宫玉器居然也属于良渚文化。而在良渚文化

---

[①] 苏秉琦（1909—1997），中国现代考古学家，河北高阳人，北京大学考古专业的主要创办者之一。苏秉琦在考古学文化区、系、类型理论的基础上连续提出中国文明起源的"满天星斗说"，中国文明起源形成发展的"多元一体模式"与文化之间的碰撞融合机制，中国文明起源形成研究的"古文化、古城、古国"三部曲，中国文明起源形成发展的"原生型""次生型"和"续生型"三类型说。

[②] 土筑金字塔：1984 年 11 月，在"太湖流域古动物、古人类、古文化学术座谈会"上发表讲话，指出良渚文化在中国古代文明史上是个灼灼发光的社会实体，并形象地把福泉山一类的高大土墩比喻为"土筑金字塔"。

的命名地浙江省，考古上的进展却并不大，省内当时一直没有发掘出良渚大墓。

1986 年，良渚遗址发现 50 周年之际，浙江省文物考古研究所反山考古队终于在施昕更发现并命名为"良渚"的遗址上找到了良渚文化的显贵大墓。反山是位于余杭县长命乡雉山村西南部的一座毫不起眼的"土墩"，东西长约 90 米，南北宽约 30 米，高约 4 米。之前考古队调查过数次，虽未有发现，但一直关注着良渚周边的这些土墩。主持发掘反山墓地的浙江省文物考古研究所研究员王明达老师整理还原了这一历史性的、激动人心的过程："在得到费国平关于在反山筹建厂房的报告后，我和同事非常仔细地对反山周围进行了踏勘，发现一些碎小的红烧土颗粒和炭粒，偶尔也能见到一些良渚文化的小陶片。据草鞋山、福泉山等良渚文化墓葬的发掘经验，我们认为反山是一处重要的良渚文化墓葬，即'土筑金字塔'。"

4 月 22 日，反山发掘项目正式得到文化部批准。但考古队挖掘 10 余天后，除了陆续发现一批汉墓外，并未发现良渚的任何遗物，这难免让考古队员们产生怀疑。王明达老师在工地召开考古人员会议，鼓励大家坚信原来的判断。考古队凭着过硬的野外发掘基本功和操作经验，顶着"挖反"的压力，坚持继续向下挖。

5 月 31 日，这是反山发掘值得纪念的一天，浙江省第一座良渚文化贵族大墓终于被发现了。这是一个暴雨将至的午后，考古队员从"坑"内清出一块粘有小玉粒和漆皮的土块，王明达老师看了一眼，从 160 厘米高的隔梁上跳入坑中，他不敢用铲，就从装土的簸箕上折下一段竹片，顺着这之前取土块的边缘小心地剔去一小块土，又露出朱红色的漆皮和很多小玉粒（这就是后来经上海博物馆吴福宝精心剥剔成功、编号为反山 M12:1[①] 的嵌玉漆杯)。接着,在墓坑中部又剔出一件玉琮的射口部分,他就再也不敢下手了,兴奋、激动的心情久久不能平静。王明达老师对大家说:"这次发掘将要被载入考古史册。"

反山被确认为良渚文化中期偏早阶段人工营建的高土台,既是祭祀的场所,也是贵族阶层最后的归属,是迄今为止发现的最高等级的良渚文化墓葬区。1986 年,在杭州举行的良渚遗址发现 50 周年学术讨论会上,反山考古发现成为重大献礼,将良渚文化的研究工作推进到一个崭新的阶段。反山所展示的土台营建、棺椁木作、琢玉工艺、漆器制作等方面的发展水平,祭祀葬礼中所体现的等级观念和礼仪制度,巫、玉、神的原始崇拜和宗教信仰,集中体现了良渚文化所创造的极富内涵的物质和精神文化遗产,是良渚文化进入文明时代的缩影。王明达根据田野考古发掘实证资料,第一次提出了"良渚遗址群"[②] 的概念,为良渚文化考古发掘和研究打开了新的视野。

在盛行"神""巫"原始观念和宗教活动的良渚社会,选择地理位置上的"风水宝地"营建祭坛和墓地,不可能随意为之,必定是掌握着社会统治权的最高贵族阶层意志的反映。

反山墓地发现的随葬玉器在数量、器种、雕琢工艺上可谓是空前绝后。整个墓地布列有序,11 座大墓中的 9 座墓葬为南北双向排列,2 座偏于西侧一隅,比一般的良渚墓葬要宽大,且墓穴较深。出土遗物包括玉器、石器、镶玉漆器、陶器和象牙器等珍贵文物 1200 余件(组),其中玉器占 90% 以上。由于此次挖掘

---

① M12:1 是考古学中对于出土器物的编号,即第 12 号墓的第 1 号器物,下同。
② 良渚遗址群:分布在瓶窑、安溪、良渚三镇地域内的良渚文化遗址总称,在此范围内发掘了反山、瑶山、汇观山、莫角山等一系列重要遗址,面积超过 50 平方千米。良渚遗址群对探索中国早期文明起源具有重要意义。

的野外操作得当，我们对玉器在墓内的出土位置、配伍关系、组合情况有了全新的认识，使良渚玉器的研究从单件，发展为组装件（即几件玉器通过硬质的柄、杆连接为一整体，如玉钺）、穿缀件（即通过柔软的皮革或丝麻织品连成一体，如项链）、镶嵌件（即无孔的玉粒粘贴或嵌入其他器物上，如嵌玉漆杯）三大类的研究。这种成组成套的研究方法，在考古学上具有突破性的意义。

随葬玉器是贵族们身份、地位和权力的主要指示物，以男性贵族独有的玉钺最具代表性。如果依据墓地规模和出土遗物情况，对江浙沪良渚文化贵族墓葬进行综合排序，那么反山的主人们应该位于最高阶层，而 12 号墓主人更是"王"一级的人物。12 号墓处于反山墓地的中心位置，随葬品的数量最多，品种最丰富，纹饰也最为精致，出土的玉琮、玉钺、权杖等玉器上都琢刻着完整的神人兽面纹。其中大玉琮（M12:98）可能原枕于墓主人头下，重约 6.5 千克，是目前发现的良渚玉琮中体量最大、品质最佳的一件珍品，堪称"琮王"。12 号墓还出土了良渚文化唯一的一件雕琢有完整神人兽面纹和鸟形象的豪华玉钺，以及唯一的玉权杖，显示了墓主人至高无上的"王"者地位。因此，反山墓地被称为"反山王陵"。

图 1.2 瑶山祭坛
（图片来源：良渚博物院提供）

## 四、瑶山祭坛遗址

反山遗址发掘之后，良渚地区迎来了 10 年的考古黄金时期。这一时期反山、瑶山、汇观山、莫角山等一批重量级遗址相继面世，分别入选"七五"和"八五"期间全国十大考古发现。

瑶山祭坛遗址距今 5100 年左右，属于良渚文化早期遗存，包括良渚人在开始筑城之前遗留的一处祭坛和叠压其上的一片贵族墓葬。1987 年，浙江省文物考古研究所在余杭安溪海拔 36 米的瑶山上，抢救性发掘出 12 座良渚文化中期偏早阶段的大型墓葬。这些墓葬分南北两排，男女分列。瑶山出土器物 707 件，玉器占 90% 以上，器物的数量、种类和工艺水平接近反山。这一次，不仅发掘出大量精美的玉器，还首次发现了一座完整的良渚文化的祭坛（图 1.2），为良渚文化研究增添了一项新的内容。

祭坛建在瑶山顶上，最初是在取净 20 多厘米的表土后发现的。祭坛为一个土色斑斓的方形台面，表面平整，四周方正，外围边长约 20 米，面积约 400 平方米，正南北方向。自内向外有三重土色结构，中心的是红土台，平面略呈方形，表面基本平整，面积 40 多平方米；第二重土为灰色土，围绕在红土台周围，平面呈现"回"字形分布，宽约 1.7—2.1 米；灰土沟之外的西、北、南三面是以黄褐色斑土筑成的土台，从残存较多砾石来看，原先的外围可能都铺有砾石台面。祭坛上没有发现建筑遗迹，仅为一土建实体，在方正的台面上有意做出多重土色，显然蕴含了某种天人感应的心理寄托，推测是良渚人祭天礼地的地方，或是观测天象的场所。参考玛雅文化的祭祀遗迹，敬神与观测天文观象都可在祭坛完成，两者有可能都是祭司的职责。

关于新石器时期人工营建祭坛的性质，张德水认为祭坛的主要功能是"祭天""礼地"，二者并无严格的区分。他认为祭坛的出现意味着文明因素的产生和发展，大型祭坛的背后是强有力的社会组织机构的出现。氏族内部产生了专门从事祭祀活动的巫觋[①]集团，他们是早期文明因素的创造者和积累者。[②] 贺云翱将良渚文化的祭坛遗迹分为瑶山式和福泉山式两类，认为祭坛是巫觋举行事神仪式、沟通天地的活动场所，祭祀对象是天、地、祖

---

① 巫觋：古代称女巫为"巫"，男巫为"觋"，合称"巫觋"。
② 张德水 . 祭坛与文明 . 中原文物，1997（1）：64—66.

先，并兼具墓地的功能，作为祭坛的墓地很可能是后世祭祖宗庙的前身。[①] 杜金鹏推测，那些埋在良渚文化祭坛上的人物，生前在该祭坛上主持祭祀活动，死后便埋葬在这神圣的地方，以体现其生前的地位与权力。[②] 刘斌对瑶山、汇观山这两处同类型祭坛墓地进行了多年观察和研究，发现日出的方向与祭坛的四角所指方位具有惊人的一致性。冬至日，日出的方向正好与两座祭坛的东南角所指方位一致，约为北偏东 135 度，而日落方向正好与祭坛的西南角所指方位一致，约为北偏东 225 度。夏至日，日出和日落方向分别与两座祭坛的东北角和西北角所指方位一致，为北偏东 45 度和 305 度左右。春分、秋分日的太阳则恰好从祭坛的正东方向升起，约为北偏东 90 度，从祭坛的正西方向落下，约为北偏东 270 度。由此，刘斌推测其功能应是观测太阳进行测年的，通过观察，可以准确地观测确定一个回归年的周期。[③]

瑶山祭坛的发掘，使研究者们开始注意到良渚大墓与祭祀遗址以及良渚玉器与祭祀的密切关系。这个相对独立、人工营造的台地，不仅是良渚人进行特殊仪式活动的祭坛，还作为最高等级人群的墓地使用。关于墓葬与祭坛的关系，有一种观点认为两者是复合的，建立祭坛既是为了祭祀，同时也是为了埋墓，这些埋葬在祭坛上的墓主人，同时也是被祭祀的对象。刘斌认为，祭坛在其原初设计的使用功能被废弃以后，才被作为一块圣地，成为巫师和首领们的墓地，并且在作为墓地之前，还应该有一次覆土加高的过程。

1991 年，在西去反山仅 2 千米的瓶窑汇观山上，又发掘到

---

① 贺云翱.良渚文化"祭台"遗址浅论.上海博物馆集刊，1992: 412-416.
② 杜金鹏.良渚神祇与祭坛.考古，1997（2）: 54-64.
③ 刘斌.良渚文化的祭坛与观象测年.中国文物报，2007-01-05（7）.

了一座与瑶山几乎完全相同的祭坛。祭坛的形制格局与瑶山祭坛完全一样，修筑年代也与瑶山祭坛相近。顶部采取挖沟填筑的方式，做成回字形的灰色土框。复原后的祭坛面积 1500 多平方米，清理出良渚大墓 4 座。正是在对反山、瑶山、汇观山等高等级墓地与祭祀遗址认识的基础上，考古学家开始寻找墓主人生前的生活场所。位于反山东侧的大型平坦土墩，成为研究者们关注的对象。1987 年、1992 年和 1993 年的几次发掘，证实这座被叫作莫角山的大型土台，是良渚文化最大的古城址。莫角山土台东西长约 670 米，南北宽约 450 米，堆积厚度达 10 余米，中心部位发掘到以泥沙和石块多层夯筑的大型宫殿基址。这一发现为认识良渚文化遗存上所表现的生产力水平和有序的社会组织结构找到了依托，并为将良渚社会发展水平提高到古国的程度提供了资料。[①]

---

14

## 五、莫角山宫殿区

在良渚遗址内发现高等级大墓的同时，莫角山土台作为遗址中心的宫殿区被发现，这就是葬在反山、瑶山、汇观山的王和权贵们生前居住的地方（图 1.3）。明代田艺衡《白鹤诸山记》中描述过一个时称"古城头"的地方，云其"上山蔓延，宛类营垒，疑古人屯兵处"。从文中表述的位置看，这个名为"古城头"的地方，就是现在的莫角山。在早期航拍图片上能清晰显示这是一处长方形土墩。新中国成立初期，政府将这里划为大观山果园的一部分，曾有掘出一些新石器时代陶器、石器和玉璧的记录，但囿于当时的认识水平并未引起重视。1977 年冬，著名的考古学家苏秉琦先生路过此地，说了句意味深长的话："古代的杭州就在这里。"[1]

20 世纪 80 年代末，浙江的考古工作者在回顾 10 年工作的总结中写道："经过近几年的努力，我们又发现了一处人工堆筑工程，规模比反山、瑶山雄伟得多，其性质类似某种政治或宗教、文化中心。"[2] 这处极不寻常的人工堆筑工程就是莫角山土台。

---

[1] 严文明在《良渚随笔》中回忆道，1977 年参加长江下游新石器时代文化学术讨论会后，与苏秉琦等人来到莫角山前，探讨良渚遗址的"国家"性质。严文明说良渚遗址是良渚文化的中心，如果说良渚文化是一个国家，良渚遗址应当是其首都。苏秉琦说良渚是古杭州的所在地。

[2] 牟永抗.浙江省新近十年的考古工作.文物考古工作十年（1979—1989）.北京：文物出版社，1991: 119.

图 1.3 莫角山宫殿建筑及建造场景复原图
（图片来源：良渚博物院提供）

1992 年 9 月至 1993 年 7 月，浙江省文物考古研究所对遗址进行发掘，从发掘的 1.4 万平方米遗址中发现大片的夯筑基址，以及三排东西向排列、间距 1.5 米的大型柱洞等遗迹来测算，遗址总面积应该不少于 3 万平方米。在其东南部发现大面积坡状红烧土堆积被推测为"一处燎祭场所，良渚人在一次次的宗教活动中，逐渐形成了这样的堆积"[1]。

多年考古发掘和研究的积累正一步步地揭示着良渚社会的发展程度，刷新人们对良渚文化的认识。莫角山遗址无论是占地面积，还是人工营建所用的土方量，都是其他良渚文化遗址无法比拟的，在同时期的考古文化中也相当罕见。其周边密布反山、桑树地、钟家村等 50 多个规模不一、规格不等的遗址，更加突显莫角山遗址众星捧月的核心地位。考古学家推测这里可能是一个中心城址，是良渚文化的政治、经济、文化中心。莫角山遗址的发现为研究良渚文化的聚落形态、社会性质提供了重要的考古资料。

---

[1] 赵晔 . 莫角山遗址纵谈 // 余杭市文史资料委员会 . 文明的曙光——良渚文化 . 杭州：浙江人民出版社，1996: 311.

北京大学的秦岭教授指出，莫角山土台是目前发现的中国最早的宫城，也是史前时期规模最大的人工土台。莫角山土台堆筑时，当时的人们利用西边一部分自然高地，先用取自湿地沼泽的青色淤泥填高洼地、修整台型，然后再统一堆筑黄土，形成东西长约 670 米、南北宽约 450 米、总面积 30 余万平方米的长方形规整台地，相当于 40 个国际标准足球场的面积。西边自然地势略高的部分，人工堆筑淤泥黄土的厚度大概是 2—6 米，东部低洼的地方，人工填高堆筑的厚度超过 10 米。经过测算，整个莫角山土台的工程量达到 200 多万个土方量，可以说是目前所知全球同时期规模最大的人类土木工程。

在这个庞大的人工土台上，规则排列着三个长方形的宫殿台基，它们在今天的名字是大莫角山、小莫角山和乌龟山。几个台基之间有沙土混合分层夯筑的广场和其他房址。另外，由于在莫角山东坡的考古发掘中发现了大量炭化稻米，因此这里应该建有粮仓。

大莫角山是三座宫殿台基中面积最大的一个，长 175 米，宽 88 米，面积 1.5 万平方米；而且，它的相对高度达 6 米，海拔高度 18 米，是整个良渚古城遗址中的制高点。在这里，考古发现了南北两排共 7 座房址，并且整个台基周围有一圈围沟，彰显着这个台基在整个宫殿区中至高无上的地位。考古学家根据与之相对应的同时期发掘的反山王陵推测，这就是"王的居所"。

既然有王，有统治者，那是否当时已形成一个国家？"国"字外围有个框，说明能称为"国"的，外围都有城墙。城墙，是氏族社会与文明社会区别的一个重要标志。

## 六、良渚古城城址

2006年6月至2007年1月，浙江省文物考古研究所为了解良渚遗址重点保护区域内农民住宅外迁安置点的地下情况，在瓶窑葡萄畈村高地西侧发掘时，发现了一条良渚文化时期的南北向河沟。在对河沟东岸高地进行勘查后发现，这一高地完全由人工堆筑而成，厚达4米，且在最底部铺垫了一层石块。由于这一遗迹位于良渚最重要的地带——莫角山遗址西侧约200米的位置，考古人员推测这可能是莫角山遗址的西城墙。正是这一发现，揭开了良渚古城的神秘面纱。

良渚古城略呈圆角长方形，正南北方向，南北长1910米，东西宽1770米，总面积超过300万平方米。主体部分可分为三重：最中心为莫角山宫殿区；其西侧的南北向长垄上，则分布着反山、江家山和桑树头等王陵和贵族墓地；其外分别为城墙和外郭所环绕，堆筑高度也由内而外逐渐降低，显示出明显的等级差异，形成类似后世都城的宫城、皇城、外郭的三重结构。

城墙的基础宽度一般在40—60米，最宽处达100多米，这样的宽度在史前时期乃至历史时期都是罕见的。保存最好的北城墙部分地段残高约4米，其他地段多呈断续台地状态保存，一般残高2米多。考虑到岁月的侵蚀，城墙的原始高度应该不止4米。一些学者认为，良渚古城的城垣如此宽大，应当具有防洪功能。王宁远认为，兼有居住和生产功能，以保卫莫角山中心土台为首要目标设计的一种原始的古城形式，是太湖平原地区沼泽环境下一种特殊的初期城市形态。也就是说，宽阔的城垣上部不一定仅仅驻扎军队，很有可能还居住着大量居民，甚至存在着一般意义上的村落，大量的生产活动就在其中完成。这种构筑方式实际上借鉴了良渚台墩聚落的方法，将几十个小型散点状基层聚落规划到一起，既不浪费营建村落的劳动力，又能起到拱卫莫角山的作用。[①]

良渚古城城墙的营建方式是充分利用自然地势夯筑而成。在城墙设计选址时，有意将凤山和雉山两座自然石山作为城墙的西南角和东北角；北城墙西端也利用了原来的黄泥山作为墙体的一部分，进行裁弯取直。这是根据本地区海拔低、基底大多为湿地沼泽堆积的特点而专门设计的。城墙底部普遍铺垫石块作为基础，其上再用黄土堆筑成宽20—150米的城墙，保存较好的地方高度有4米左右。在发掘中，发现墙体使用了"草裹泥"的夯筑方式，这跟最早的水坝和莫角山宫殿区的营建技术有一脉相承之处。城墙总长约6千米，除南城外其他三面城墙内外均有护城河，形成夹河筑城的形式，水路为主要交通方式。目前一共发现了八处水城门，四边各有两处，另外在南城墙中部还设计了一座由三个夯土台基构成的陆城门。城址内存有诸多经由人工疏通的古河道，与城外的自然河网水系贯通，构成水城特色（图1.4）。

良渚文化时期的城址发掘是中华文明探源工程的一项课题，它关系到国家的起源。良渚城墙的发现让人更加确信中华文明至少诞生于距今5300年至4300年之间。北京大学教授严文明等考古学家指出，这是长江中下游地区首次发现同时代中国最大的

---

① 王宁远. 关于"良渚古城"城墙的几点认识. 良渚文化论坛（第四辑）. 杭州: 浙江摄影出版社，2008.

图 1.4 良渚古城规划示意图
（图片来源：杭州日报微信公众号，2019-07-07）

良渚文化时期的城址，可称为"中华第一城"。"良渚古城无论从其宏大的规模，还是城市体系的规划设计以及土石方工程量等，都反映了其背后的社会发达程度。再加上高等级的墓葬与玉礼器所体现的宗教与权力，这一切都足以证明良渚文化已经进入了成熟的国家文明阶段。"① 英国知名考古学家科林·伦福儒认为："如果放在世界的框架上来看，良渚把中国国家社会的起源，推到了跟埃及、苏美尔和印度文明几乎同一时期、相互媲美的程度。"②

---

① 刘斌. 良渚与中国百年考古——被低估的中国新石器时代. 中国文化研究，2021（4）：8.
② 伦福儒. 世界早期文明视野下的良渚古城. 杭州，2019（26）：39.

## 七、外围大型水利系统

世界各地早期文明的出现，都与治水活动关系密切。良渚遗址群地处山地边缘，又在亚热带季风气候区，雨季较长，雨量充沛，台风、山洪时常暴发，这对遗址区的生产和生活必然造成威胁。

兴建城址之前，良渚遗址西北部的大型水利系统就开始营建了，展现出良渚人前所未有的社会组织能力和统治权力。这个已经有5000年历史的治水体系非常庞大，并且很多部分今天仍然屹立于山谷之间，唯有到过现场才能体会这一工程的伟大和人类的渺小。

2015年，通过多年调查试掘遗址群周围的大型水坝等水利系统，可以确认的有11条堤坝遗址：修筑于北部谷口位置的6条组成高坝系统，南边地势略低处的5条组成低坝系统，两者形成前后两道防线。根据谷口宽窄，这些水坝长35—360米不等，坝体宽约100米，堆筑高约10—15米。整个水坝系统人工堆筑土方量高达288万立方米，是同时期世界上规模最大的水利工程。研究人员按年出工30万人统计推算，需连续修建26年才能完成。

在营建大坝时，良渚人创造了一种用"草裹泥"纵横堆砌的建筑工艺，来制作坝体迎水面的堤坝材料，效果类似于现代防洪抗台时用的沙包。"草裹泥"在沼泽地上取土，然后加入荻草的茎秆包裹泥土，再用竹篾进行绑扎固定形成块状结构。这类包裹泥土的植物经过鉴定是沼泽上常见的南荻，状若小芦苇，也就是苕溪中"苕"字的含义。"草裹泥"能让泥土内部的摩擦力大大加强，抗拉强度也成倍提升，因此，"草裹泥"的稳定性远高于普通泥块。简单说，这些"草裹泥"相当于现代水坝建筑中使用的"钢筋混凝土"，它们使良渚人的大坝变得坚固，不易崩塌。

为什么良渚人要精心构建这一令人叹为观止的水利工程呢？考古学家和水利专家根据古环境、遗址布局及后代水利系统的经验推测，当时的水坝兼具防洪蓄水、灌溉稻田、交通运输及调节治理水系等功能，是名副其实的综合水利系统。天目山充沛的雨水在夏季极易形成山洪，对良渚古城构成严重的威胁。外围水利系统（图1.5）位于良渚古城西北部的山前地带，已经确认的有

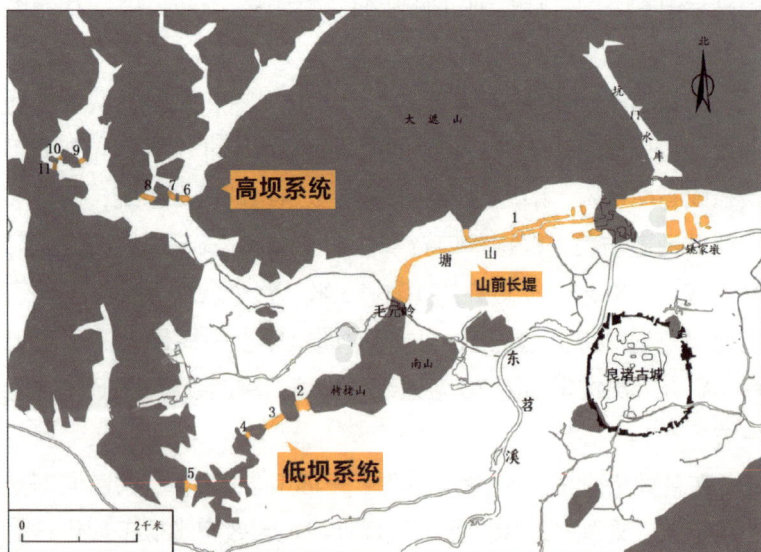

图 1.5 良渚古城及外围水利系统结构图

塘山山前长堤（图中标注1）、狮子山－鲤鱼山－官山－梧桐弄坝群（图中标注2、3、4、5）、岗公岭－老虎岭－周家畈坝群（图中标注6、7、8）、秋坞－石坞－蜜蜂弄坝群（图中标注9、10、11）等四个部分。根据形态和位置的不同，分为谷口高坝、平原低坝、山前长堤三类。高低两组堤坝形成一个前后两层的防护体系，可以将水阻留在库区内，通过溢洪道防止溃坝。根据测算，现在的高低坝系统可以形成总面积13平方千米、总库容4600万立方米的库区，相当于3个西湖的容量。位于遗址中心区以北的大遮山山脚前100—200米，有一条独特的塘山长堤，总体呈曲尺形，中段还是双层坝体结构，全长达5千米，对古城防洪具有至关重要的作用。根据考古分析，这些水利系统大致可阻挡短期内870毫米的连续降水，相当于当地百年一遇的降水量。这样，雨季来临时可以解除洪水威胁，旱季则可以补充水量灌溉，满足这个大型城市的人口用水，及保证城内外水道交通的流畅。

我们都听过大禹治水的故事：大禹的父亲鲧用堵的方式治水，失败被杀；而大禹采用疏的方式治水，成功后成为一位贤王，开启了夏朝的文明。在这个比传说中的大禹治水还要早1000多年的良渚古国，治水方式已经相当高明。其坝址选择、地基处理、坝料选材、结构设计、坝体施工等各方面都符合现代设计理念。工程选址极为合理，施工上力争最小干预，实现治水功能的最大化，使良渚古城周边约100平方千米的土地变成了良田，促进了稻作农业的发展。他们建造的高低坝系统，将疏与堵完美结合，把水流收集起来，形成东西两个地势较高的水库，抗洪的同时，还实现了"西水东调"，将水脉引入古城内51条古河道，实现水利运输功能。良渚人就是通过高低坝水利系统（图1.6），把水位抬高，然后从深山里把石材、木材、竹材等放到水里，通过翻坝

图 1.6 古城外围水利系统分布图
（图片来源：杭州日报微信公众号，2019-07-07）

的形式运下山来。用于兴建民居、宫殿的木料，用于雕琢玉器的原石，甚至从山林中捕猎、采摘的动植物，还有城外的粮食，都能通过水道运至城内的各个地方，形成了"史前威尼斯"的美丽城景。刘斌说，良渚古城，其实已经形成了江南水乡都市最早的格局。

良渚人精妙的治水智慧与超前的水利工程设计、组织、实施能力，使得良渚文明延续兴盛了 1000 余年。正因为此，良渚文明可以被称为发达的水利文明。

## 八、良渚古城遗址成功申遗

经过80多年的考古发掘，良渚古城遗址逐步显露出惊人的面貌：面积631公顷的"城址"，由宫殿区、内城和外城组成，规模宏大；库容量4600万立方米的"外围水利系统"，由谷口高坝、平原低坝和山前长堤的11条人工坝体以及天然山体、溢洪道构成，是中国迄今发现最早的大型水利工程遗址，也是目前已发现的世界上最早的堤坝系统之一；保存良好、分等级的"代表性墓地"，包括最高等级"反山""瑶山"两处墓地、代表第二等级的"姜家山"墓地、代表第三等级的"文家山"墓地和位于外郭代表最低等级的"卞家山"墓地。

除了良渚古城遗址，在浙北地区、上海青浦地区、江苏苏州地区和常州地区，都有相对独立的良渚文化区域中心。这些区域中心大多体现为高等级的墓地，每个墓地规模都不大，也跟良渚的反山、瑶山一样，有大量随葬的高等级良渚玉器，不过也有不同于良渚的本地区的特色，为了解整个良渚社会的分层分化提供了丰富的资料。此外，出现在苏北地区的蒋庄墓地、浙南山区的遂昌好川墓地——这些走出长江三角洲地带的良渚文化因素，也让研究者开始重新审视良渚文化的辐射范围和影响力。

据不完全统计，在良渚文化分布的核心区即环太湖地区，目前已经发现了多达600余处良渚文化遗址，为比较研究良渚社会的整体结构和区域布局提供了丰富的考古资料。最终在2018年，经过反复论证和准备，"良渚古城遗址"向联合国教科文组织世界文化遗产委员会递交了正式的提名申请，成为中国第一个申遗的新石器时代遗址。2019 年 7 月 6 日，在阿塞拜疆举行的联合国教科文组织世界遗产委员会第 43 届会议上，中国世界文化遗产提名项目"良渚古城遗址"以符合世界遗产第 3 条和第 4 条标准，成功列入《世界遗产名录》，成为中国第 55 项世界遗产，至此我国世界遗产总数居世界第一。历时 80 多年，不见于历史文献记载的"良渚文化"，终于在几代中国考古人的不懈努力下，重见天日，正式走上世界人类文明史的舞台。

国际古迹遗址理事会对良渚古城遗址做出了如下评价：

The Archaeological Ruins of Liangzhu City, as the centre of power and belief of Liangzhu culture, provides unparalleled evidence for concepts of cultural identity, social and political organization, and the development of society and culture in the late Neolithic and early Bronze Age in China and the region.

The Archaeological Ruins of Liangzhu City represents the great achievement of prehistoric rice-cultivating civilization of China over 5000 years ago, and as an outstanding example of early urban civilization.

（译文：良渚古城遗址作为良渚文化的权力和信仰中心，为新石器时代晚期和青铜时代早期中国及区域文化认同、社会政治组织和社会文化发展提供了独一无二的证据。良渚古城遗址代表了 5000 多年前中国史前稻作文明的伟大成就，也是早期城市文明的杰出典范。）

　　良渚古城遗址获准列入《世界遗产名录》，意义重大，影响深远，改变了国际社会对中华文明起源的认知，以无可辩驳的实物依据和确凿的学术支撑证实了 5000 多年前古代中国已进入国家文明阶段，与古埃及、苏美尔和哈拉帕文明一起成为世界早期文明的代表，填补了东亚地区新石器时代考古遗址的空缺，为世人认识真实、全面的古代中国和现代中国提供了又一个独特的历史文化窗口。

# 第二章
# 玉文化与良渚文化玉器

　　玉以其独特的艺术形式和浓厚的民族气息成为中华文明特有的文化组成部分。我国的玉石文化的起源与发展，跟原始宗教有着密不可分的联系，神权政治由此孕育而生，它与灵物崇拜、王权政治以及审美意识联系在一起，是社会上层建筑中的一个独特领域。琢玉消耗大量的社会生产力，凸显当时社会最高端的手工业技术。对稀缺玉石资源的控制、对玉产品的消费，是社会权力的来源和表现。因此，作为物质与技术结晶的良渚文化玉器，渗透着宗教、政治、礼制等诸方面的重要内容，与中国文明起源阶段社会等级的分化、集中权力的形成、礼制的规范化、大规模社会资源的调度以及"天人合一"东方理念的形成，都息息相关，是良渚文明模式的重要特征。

　　良渚文化时期孕育的"藏礼于器"的礼制观念，反映在以琮、璧、钺为代表的成组玉礼器和严格的"用玉制度"上。良渚古国是一个神权国家，良渚人把对神灵的崇拜与敬畏，通过"纹"与"器"有机地结合。玉器所传播的，不仅仅是一种艺术表现形式，更重要的是玉器形制和纹饰所包容的文化信息，这也是引导我们进入良渚人精神领域的一条通道。

## 一、崇玉的良渚文化

中国自远古时期起就形成了较为成熟的玉石文化及传统，雕琢和使用玉器的历史可以追溯至距今 8000 年左右的新石器时代中期，尤其是以东部沿海一线为核心的新月形地带，出现了许多独特而有影响力的玉器文化，自北向南，交相辉映，而成就最高的当属西辽河流域的红山文化和环太湖流域的良渚文化。其后的数千年及今，玉石文化绵延不绝，成为中国传统文化重要的内容和特征之一，是中华文明有别于世界上其他文明的重要文化基因。

旧石器时代是中国史前玉器制作和使用的萌芽期，而新石器时代则是尚玉习俗的发轫阶段。在崇玉的良渚文化中，玉器的品质、种类、组合和纹样彰显了拥有者的身份、等级和地位。从已出土的良渚文化玉器看，它的文化内涵是极为丰富的，其造型与纹饰都真实地反映了远古时期该区域的生产力发展水平、社会组织结构和观念形态。从某种程度上说，良渚文化社会是被玉器表述出来的社会，在成一定规模的良渚文化墓地中，随葬玉器的数量和种类表现着墓主人是贫还是富，掌握着何等权力以及处于什么样的社会地位。

就其数量来讲，良渚文化各类出土玉器估计达 2 万件之多。良渚古城莫角山出土的单件计 3200 余件。被誉为"琮王"和"钺王"的良渚文化玉琮、玉钺之首（图 2.1），都出自反山遗址的 12

图 2.1 反山 12 号墓出土的玉琮王及玉钺王
（图片来源：良渚博物院提供）

号墓。墓主被推测为良渚古国的最高统领——良渚王，故反山遗址有王陵之称。良渚古城外东北部的瑶山高等级墓地出土玉器679 件（组）。其中 11 号墓的随葬玉器以璜、镯、各类串饰和纺织器具为主，数量和品级都为良渚文化女性墓之最，推测为良渚王后之墓。在反山、瑶山的高等级墓葬中，玉器均占出土文物的90% 以上。

就种类来讲，这些玉器中，有具礼仪和装饰功能的璜、镯、管、珠、带钩、各种牌饰等，也有具实用功能的碗、盆、勺、刀、匕、镰、纺轮等，还有缘起于自然崇拜的象生类玉器，如鸟、龟、鱼、蝉、蛙等，以及具备祭祀法器功能的琮、璧、钺、柱形器、权杖等礼仪类功能玉器。在 40 余种良渚文化玉器中，有半数以上未见于同时期其他文化遗址之中，因此推测这些玉器应为良渚文化原创。

就等级来讲，反山、瑶山出土的玉器品质上乘、数量丰富、种类齐全、雕琢精美，是良渚文化分布区玉器的代表。

考古简报对反山出土玉器进行了详细和精准的描述，还原了当时的场景：

　　玉器的基本色调，大致可分为青、黄、白三种。除了部分个体较小的玉器色泽纯净单一外，大多数玉器，尤其大件器都颜色斑驳。青玉常有墨绿色的斑点团块；黄玉常有茶褐色的斑点团块；白玉有的嫩白，有的粉白，常有不规则的紫红色瑕斑；青玉和黄玉还常有灰白色的筋状条斑。少量玉器玉质精良，具有透光性。出自同一座墓的玉器在玉质玉色上往往比较一致，尤其成组成套的玉器则十分相近，显然由同一块玉料分割加工而成。

　　在部分玉器上留有各种不同的加工痕迹。如呈弧形的线割痕，呈直线的锯割痕；带孔的可分辨出管钻或实心钻两种钻孔方式；有些玉器表面还有浅细而密集的擦痕，似为砂粒摩擦留下的痕迹。大至璧、琮，小至芝麻般的镶嵌玉粒，均经仔细打磨抛光，表面形成闪亮的光泽。

　　特别是近百件有花纹图案的玉器，采用阴纹线刻、减地法浅浮雕、半圆雕甚至通体透雕等多种技法，精雕细琢出结构严谨、对称和谐的纹样。纹样的主题除了良渚玉器上通常所谓的"兽面纹"外，首次发现了似人似兽的神人形象和神人与兽面集于一体的形象。有的花纹中仅一毫米的宽度内，竟刻上四五根细线，神工鬼斧，堪称微雕，令人难以置信。

　　玉器品种有璧、环、琮、钺、璜、镯、带钩、柱状器、权端饰、冠状饰、锥形饰、三叉形器、半圆形冠饰、镶插端饰、圆牌形饰以及由鸟、龟、鱼、蝉和各种瓣状饰组成的穿缀饰，由管、珠、坠组成的串挂饰，各类玉粒组成的镶嵌件等 20 余种。[①]

在反山王陵以 12 号墓为核心的 9 座高等级墓葬中，成组玉礼器彰显出墓主身份、等级和地位，这些墓葬也是一把衡量良渚遗址群其他墓地等级的标尺。根据形制和出土位置（图 2.2），主持发掘反山遗址的王明达将玉器分为礼仪类用玉和佩挂装饰类用玉两大类。礼仪类用玉，以琮、璧、钺为代表，象征墓主人的身份地位。[②] 大量的璧，包括玉钺，很可能是墓主人生前的部属为表示对墓主的臣服而敬献的"葬玉"。其中琮是礼仪类用玉中最具代表性的"神权"的象征物，玉钺是"王权或军权"的象征物，而玉璧可能被视为财富的象征物。佩挂装饰类用玉是墓主身份和性别的象征，根据穿孔形式的不同，可分为直向透孔的各式管珠，与之配伍的坠、璜等，以及背面有小隧孔的穿缀饰。

负责反山出土玉器考古线绘的方向明老师指出："反山出土玉器中有近百件雕琢了精细的纹样，以 M12 的权杖、大玉琮、大玉钺、柱形器和 M22 的大玉璜上的神人兽面纹最为突出，这种完整的神人与兽面复合的图像，为解读良渚玉器上或简或繁、可分可合的类似纹饰提供了可资对应的依据；微雕的浅浮雕和阴线纹相结合的工艺，充分显示了良渚玉器匠人高超的琢玉水平。反山墓地的主人们拥有代表神权的琮、象征军事指挥权的钺、体现财富的璧，以及装饰在冠帽上、佩挂穿缀在衣物上的各种特殊玉饰件，充分显示了他们是凌驾于部族平民之上的权贵阶层。神人兽面纹集中反映了良渚社会生活中神的威严和神圣，既是以玉事神的巫觋们上天入地功能的写照，也是良渚部族尊崇的'神徽'。"[③]

① 王明达.浙江余杭反山良渚墓地发掘简报.文物，1988（1）：7-8.
② 王明达.反山良渚文化墓地初论.文物，1989（12）：50-51.
③ 方向明.土筑金字塔：良渚反山王陵.杭州：浙江大学出版社，2019：51.

图 2.2 反山 12 号墓主要随葬器物的出土位置示意

（图片来源：《良渚玉器线绘（增补版）》，浙江古籍出版社，2019 年）

## 二、国之重器，礼之所依

以琮、璧、钺等玉制礼器为代表的良渚文化玉器，是良渚文化原始宗教形态的物化物，玉礼器反映了良渚文化的原始宗教形态。牟永抗指出，成组玉礼器是一种礼仪制度的开始。在中华礼仪制度形成过程中，玉礼器早于青铜礼器。在青铜礼器之前出现的成组玉礼器，是社会生产力提高和社会内部结构产生一系列变革的结果，是古代礼制开始成熟的重要标志，这一时期可称为"玉器时代"。玉器时代的遗迹主要分布在东南沿海等地的月牙形地带，年代在距今 5000 年前后，下限大体与夏商周三代相连接。玉器时代是中华文明起源时期的主要特征之一。[①] 其中月牙形地带一般是指红山文化、苏北花厅、良渚文化和石峡文化等沿海地区。对于"玉器时代"的说法，学界也有一定争议，认为它并没有超越石器时代晚期已包含的社会形态，但都认可红山文化、良渚文化的玉器在中国文明起源中的地位和作用。

除了被认为是天地精气的结晶，且质地温和润泽之外，史前玉器受到重视，很大一部分原因在于它被视为沟通天地的神物。在原始时期万物有灵的观念影响下，玉的功能由审美装饰之物转变为巫觋事神的"玉神器"，受到了先民的崇拜。玉既是祭祀天地、沟通神灵的宗教法器，还是国家意识、礼仪规范、社会等

---

① 牟永抗 . 牟永抗考古学文集 . 北京：科学出版社，2009.

级、财富权力、丧葬习俗的文化载体，且早于青铜器成为"礼"的象征物。文学人类学教授叶舒宪指出，玉文化的驱动要素是玉石神话信仰。从根源看，玉代表一种先于文明国家而存在的信仰系统，一种史前的拜物教。<sup>①</sup>

良渚人开始规划和营建水利系统和都城时，也创造出一套以琮、璧、钺为代表的玉礼器系统，还创造出共同的观念象征符号——神人兽面纹神徽，建立起巫政合一的用玉制度。不仅许多玉器上雕刻有神徽图案，而且玉琮、冠状器、玉钺柄端饰等许多玉礼器的构形都与表现这一神徽有着直接的关系，再现了良渚人的文化、观念和审美。玉礼器系统及神徽纹饰，在整个环太湖流域的良渚文化玉器上都表现得极其统一，显示良渚社会存在统一的神灵信仰和文化认同。

在较为发达的稻作农业基础上，良渚文化区域内不仅发展出了治玉等手工业，社会制度也在发生激烈的变革。不同成员与部落在社会分工、经济实力等方面的不均衡，导致成员之间平等的关系被打破，社会中开始分化出不同的等级阶层。拥有更多财富与更强实力的首领及其家族成员，跃升为显贵者阶层，统领和管理整个群体，并享有众多特权，良渚文化也因此由氏族向国家的形态演化。而深受良渚全民崇尚与喜爱的玉器，也因此沾染上王权的色彩，被赋予了区分佩戴者身份、权力及地位的社会功能。

对良渚文化墓葬出土玉器的研究表明，显贵者墓葬与平民墓葬在随葬玉器的种类、数量、体量和工艺等方面呈现出很大差异。平民墓葬中一般只有少量零散的锥形器、坠、管、珠等小件玉器，至于琮、璧、钺三类祭祀重器以及琢刻纹饰的大件玉器则

---

① 陈瑜.玉文化是江南文化最深远的精神原型.上海文汇报，2019-01-18（10）.

都为显贵者墓葬专有。良渚国王和权贵们通过标志身份的玉礼器及其背后的礼仪制度，创造了王权神授的统治理念，从而达到对神权、王权（军权）和财权的控制。

方向明认为，成组玉礼器可标识拥有者的身份、等级和地位，反映聚落等级和规模，是良渚复杂的社会组织结构的反映。玉作为特殊用品，琢玉工艺作为最高端的手工技术，需要耗费社会大量劳动力和生产生活资源，成组玉礼器需要一整套强大的社会组织来保障从资源获取到生产、分配的有序运转。成组玉礼器的不同种类和组合、不同品质和数量、形制和纹样的变化，以及成组玉礼器所反映的中心区域与区域中心之间的关系，体现了良渚社会等级和区域化差异的复杂性。

礼仪性和象征性的玉器，在中国古代文明起源中扮演了一个特殊的角色，是巫政结合时期的产物。确立身份、等级和地位的背后是全社会对于权力和治理秩序的认同，成组玉礼器作为一种得到整个良渚文化圈集体认同的文化标识符号，其内涵除了体现在象征军事统帅权的钺上，更体现在维系良渚神权社会的核心，即琮和神像——神权控制和神灵信仰的象征上。方向明指出，良渚文化成组玉礼器是拥有者身份、等级和地位的标识，彰显了聚落的等级和规模，是良渚文化复杂社会组织结构和文明模式的体现。[①] 邓淑苹也提出中国新石器时代晚期曾经历过一个以玉作为生产工具和兵器的主要材料的阶段。张光直指出，西方考古学将史前时期划分为石器时代、铜器时代和铁器时代三个大的阶段，比中国少一个玉器时代，是因为玉器在西方没有发展得像中国那样的重要。玉器时代在中国正好代表从石器到铜器的转变，亦即

---

① 方向明. 成组玉礼器与良渚文明模式. 博物院, 2019（2）：16-24.

从原始社会到国家城市社会的转变阶段，而这种转变在中国文明起源史上有它自己的特征。[①] 正因为如此，在1988年拍摄"中国文明曙光"系列科教片时，苏秉琦先生用"玉器时代"作为良渚文化的片名副标题，将介绍良渚的片名定为《良渚文化——玉器时代》。

良渚社会的统治阶层通过一整套标识身份的成组玉礼器及其背后的礼仪制度，达到对神权的控制，从而完成对王权、军权和财权的垄断。良渚文化所创造的玉礼器系统以及王权神授的统治理念，也被后世的中华文明吸收与发展，玉琮、玉璧等玉礼器在商周时期继续沿用，成为《周礼·春官宗伯·大宗伯》所记载的古代祭祀天地四方的"六器"之一。

良渚文化玉器种类丰富、形制多样，主要有琮、璧、钺，以及冠状器、三叉形器、成组半圆形器、（成组）锥形器、璜、串饰、镯、带钩、（成组）柱形器、各类牌饰、端饰等40多种；玉礼器上常刻有神人兽面纹的"神徽"形象，是良渚古国共同崇拜的社会标识，用以表达良渚人的统一信仰。

## （一）琮：神权的象征

"琮"是良渚文化中最具代表和最有特征的玉器，也是良渚玉礼器的核心。学术界认为琮是巫术仪式上巫师用来贯通天地的宗教法器，通常琢刻有神人兽面纹，或繁或简，在高等级的墓葬中才会出现。琮的基本形制大多为内圆外方，蕴含了良渚人"天

---

① 1986年，美国著名考古学家张光直教授发表了《谈"琮"及其在中国古史上的意义》一文，主张中国新石器时代和三代文化的发展可分成四个阶段：（1）石器时代，代表原始社会、阶级未萌的阶段。（2）玉琮时代，代表巫政结合、产生特权阶级的时代。（3）青铜时代，代表巫政结合，进一步发展产生国家、城市、文明的阶段。（4）铁器时代，代表工商业城市发达、农业技术跃进的时代。张光直把这种分期法同《越绝书》所记风胡子的古史分期联系起来，认为风胡子把古史分为石、玉、铜、铁四个阶段，大致相当于传统古史的三皇、五帝、三代和东周四个阶段。

圆地方"的宇宙观，圆象征天，方象征地，琮兼具方圆，象征着天地的贯通。琮是良渚人共同信仰体系的集中载体，琮的形制和纹饰的基本规范样式在良渚文化的早期阶段就已经确立，琮体结构、纹饰和使用方式都有特定的含义。巫师们以玉琮祭拜天神、地祇和祖先，传递祈求与希望。

良渚文化玉琮的基本形制要素包括圆形的外廓、四角、分割四角的直槽、中间贯穿的射孔，以及四角的神徽图案，琮的形制与纹饰讲究严格对称、一丝不苟。玉琮的外形都有意雕琢为内圆外方，上大下小的形制，中间的圆孔对钻而成，孔壁一般都略高于外围的四个方角，称为"射"。

琮是巫觋以玉事神的宗教法器，也就是说，拥有玉琮就掌握了"神权"。《反山》一书中指出，在所有的良渚文化墓地中，出土玉琮的地点也就 10 余处，其中只有反山、瑶山、寺墩三个墓地出土的玉琮超过了 10 件，其余只出土 1—6 件，同一墓地中凡是随葬玉琮最多的墓，随葬品也最丰厚，墓主人的地位也最高，如反山 12 号墓随葬 6 件，瑶山 12 号墓至少随葬 6 件，寺墩 3 号墓随葬 33 件，这几个墓都是同一墓地中的"王者"。一般认为墓主人"秉钺"是掌握军权，"握琮"是掌握"神权"，并认为它们是反映良渚文化先民贵族身份、等级的两个主要标志，这也说明当时指挥军事活动和主持祭祀宗教活动是各级贵族最重要的职能和权力，是"国之大事，在祀与戎"的真切反映。[1]

1986 年在浙江余杭反山良渚文化墓地出土的玉琮王（图 2.3），是迄今为止雕琢最美、玉质上佳、体重最大的良渚玉琮，

---

[1]　浙江省文物考古研究所. 反山. 北京：文物出版社，2005：374. 祀与戎，在古人眼里一直被视为"国"，即掌控政权的两件大事。"祀"是指以敬天崇祖为核心的多神教的祭祀，即神权；"戎"是指兵器、征伐、战争，即军权。可见，反山 12 号墓主人即为掌控神权和军权的王者。

图 2.3 反山玉琮王（M12:98）

（图片来源：《反山》，文物出版社，2005 年）

充分体现了琮的结构、琮和神像之间的关系。整器由透闪石、阳
起石系列的软玉制成，呈黄白色带紫红色瑕斑。形状为扁矮的
方柱体，俯视如璧形。通高 8.9 厘米，上射面外径 17.1—17.6 厘
米，下射面外径 16.5—17.5 厘米，射孔外径 5 厘米，内径 3.8 厘
米，重达 6.5 千克，全器制作规整，打磨精致。

　　琮体外表四面平整，每面由 4.2 厘米宽的直槽分割成两组，
再以仅 0.1 厘米宽的三条横槽分为四节。这件"琮王"琢刻有精
巧独特、细致的纹饰，由直槽内的八组神人兽面图案和八组以转
角为中轴线、四角上下并列的简化人兽鸟组合纹饰构成，对称工
整，匠心独具。四面直槽上的神人兽面像采用减地浅浮雕结合阴
线刻画的方式雕琢，每幅神像高约 3 厘米，宽约 4 厘米，结构基

本一致，细部有差异，是良渚文化玉器上首次发现的最为完整的神人兽面图案。在最细致处，1毫米的宽度内可以刻划5道线条，互不重叠，堪称微雕。完整的神人兽面纹的发现，使我们认识到，这是良渚人崇拜的"神徽"，从而对良渚文化玉器的纹饰有了确切的认识。

许多玉礼器都可以在实用器中找到对应的原型，它们是实用器逐渐演变的结果，杨建芳等多数学者推定琮源于镯。在良渚文化的早、中、晚期均有数量不等的玉琮出土，形制和纹饰的发展序列有迹可寻。就其形制特征而言，良渚文化早期的赵陵山"方体素面琮"（M77:59）和张陵山"镯式琮"（M4:02）是琮早期形态的典型器。方体素面琮外形正方，中空内圆，似琮非琮，似镯非镯，更像是琮的半成品，或是演变过程中尚未成型的琮，两端无射口突出且缺乏沿琮角对称分布的纹饰。黄翠梅认为，赵陵山方体素面琮是良渚文化玉琮的最早形制。镯式琮呈圆筒形，有对钻大圆孔，孔径偏大，不宜作为玉镯穿戴；琮体不分节，两端稍突似射，外壁有四块大小相同、间隔相等的长方形凸面，各有一组阴线琢刻的兽面纹，为迄今发现的年代最早的兽面纹。镯式琮外表无琮角，也不具备典型玉琮所具备的纹饰沿琮角对称分布的特征，二者各自体现了玉琮"方"和"圆"的部分造型特征。

琮的纹饰特征表现为以琮角为中轴装饰对称的以神人、兽面、鸟为母题的单独或组合图案，繁简不一。刘斌按照横截面的不同，将玉琮分成横截面为圆形、弧边方形、正方形三式，并认为其演变关系为圆形→弧边方形→基本为正方形，表现出由圆到方的发展趋势。观察上述三式琮的兽面纹情况，可见纹样的演变是沿着形象由繁细到抽象简化这一规律发展的，几乎与琮体的演变保持同步。兽面纹层次的多少，即琮的节数，往往与琮的高矮有着直接的关系。[1] 还有一个有趣的现象是，多节琮一定是上大下小的，这种头重脚轻的设计似乎太不近人情，以致乾隆皇帝和很多海外博物馆，不认得上面的神人兽面，都把它们倒过来放稳才踏实。

玉琮的器型变化呈现由矮到高、由单节到多节的发展趋势，而纹饰的变化则由具象趋向简化、抽象化。除了单体的琮，琮的形式还被雕琢在锥形器、柱形器上，还衍生出一类管状小型琮，称为小琮或琮式管，多与其他玉器存在配伍关系，即作为串饰的一部分或玉钺的挂饰。

### （二）璧：财富的象征

璧是一种扁圆形中间有孔的玉器，《说文》释"璧"为"瑞玉，圆器也"。璧是良渚文化中出现的新生事物，为良渚文化玉器乃至中国玉器的典型代表之一。玉璧源自上古先民的太阳崇拜，亦有人认为源自纺轮或环形石斧，其功能和作用因时而异。这种器型在红山文化、凌家滩文化中已出现，但当时多用作身上配饰，直到良渚文化才转变为一种祭祀的礼器，也有学者认为其是财富的象征。

良渚文化玉璧（图 2.4）一般呈扁圆形，孔径绝大多数不到直径的一半，多素面，少数有以"鸟立高台"为主题的刻符等纹饰，是最为盛行的良渚重器，出土时一般位于墓主人胸腹以下直至脚端的部位。良渚文化中标准形态的璧，以反山 M20：186 为代表，该璧外径 18 厘米，厚约 1 厘米，孔径 5 厘米，外径与孔径之比为 3.6：1，是良渚文化玉璧的黄金分割比例。反山是迄今

---

① 刘斌 . 良渚文化玉琮初探 . 文物，1990（2）：30-38.

图 2.4 良渚文化玉璧

（图片来源：良渚博物院提供）

出土璧数量最多的墓地，达 130 件。除了少量璧加工圆整，打磨精细之外，墓室内成堆叠放的璧加工粗糙。考古学家认为可能同样形状的璧包含的礼仪意义有别，或具有财富的象征意义。

### （三）钺：王权和军权的象征

玉钺是高等级墓地中男性权贵的随葬品，一般为素面，每墓一件。玉钺的器形源于作为生产工具的穿孔石斧，最早始于崧泽文化的石钺，至良渚文化时期，已经基本脱离了生产的实用功能，成为一种随葬品。良渚文化的钺，可以分为玉和石两种，其形制没有太大差别，只是质地的差异反映了墓主人身份的不同。玉钺与玉琮、玉璧一起构成了用玉制度的核心。

良渚文化玉钺之玉硬度较低，玉钺往往无使用痕迹，甚至不开刃，故玉钺无实用价值，当是军事指挥权的象征。在甲骨文和金文中，钺是"王"字的本形（图2.5）。玉钺被认为是一种象征军事指挥权及施政权力的重要礼器。良渚文化玉钺一般有长方梯形玉钺和扁方梯形玉钺两种类型，高等级的玉钺形制一般由玉钺本体和钺柄（柲）、冠饰（瑁）、端饰（镦）三部分组成，钺柄大多为木制，因此早已腐朽消失。

玉钺中的重器"钺王"（图2.6），与"琮王"出于同一墓中。玉钺的两面各刻了一个完整的"神徽"，神徽下方也有"神鸟"相伴。与之相配的还有玉钺两端的装饰（瑁和镦），也就是安上柄后位于木柄头尾端的玉质装饰。这类装饰在刚发现时尚不知为何物，发掘者曾经根据外形称其为"舰形器"；后来，在发掘中观察到了它们和玉钺配套放置的情形，又对照其他完整的石钺模型，才确定了它们与玉钺的组合关系。这种豪华玉钺仅发现于良渚遗址群，以及上海青浦福泉山、江苏苏州草鞋山和常州武进寺墩等极少数

（甲骨文）

（金文）

图 2.5 钺是甲骨文和金文中"王"字的本形

图 2.6 反山玉钺王（M12:100）

（图片来源:《反山》，文物出版社，2005 年）

的高等级聚落中，彰显了"王权神授"的远古统治观念。周武王伐商的时候，曾有"武王左杖黄钺，右秉白旄"的记载。而玉钺（如反山钺王）通常位于墓主左侧，可能是左手所持。

在反山 12 号良渚王墓中，还有一件非同寻常的器物——豪华型权杖。它出土时横置于墓主上半身处，和玉钺一样，权杖顶端为玉瑁，底部为玉镦，连接两者的主体部分也是木制的，已经腐朽不见。权杖顶端的瑁饰有神人和兽面，权杖的镦置放于一件玉琮的射孔内。玉瑁与玉镦上都雕有神像，充满威严、神秘之感。上海青浦福泉山遗址出土的象牙权杖，长约 1 米，由镦和主体两部分组成。其上雕刻精密繁缛的细刻纹饰，利用浅浮雕手法细致地表现 10 组神人兽面纹主题，主题纹饰外以细密卷云纹为地。它的发现也说明了良渚文化礼器系统中，除了以往认为的玉质礼器，还存在以稀有资源为材料的其他质地礼器。

### （四）玉佩饰：身份的象征

史前先民重视头饰或冠饰的现象，在各古文化遗址中都有发现，这是一种普遍的文化、观念和审美现象。玉器不仅是巫祝礼仪中与神灵沟通的重要物质媒介，而且也是拥有权位的显贵阶级最重要的装饰品。古代礼仪化玉饰品的佩带重点部位，会因性别、身份、礼仪形式和时代而有所不同。学者林淑心指出："这种演化从文化内涵的角度观察分析，表现出明显的时代演化特征，极微妙地反映出文化中的阶级意识与玉饰巧妙的结合，形成中华古代冠服礼俗制度的独特精神内涵。"[1]

复杂的成套头饰组合是高等级男性墓葬随葬玉器的重要内

---

[1] 走近"玉文化"——古代玉器与中华文明源远流长 . (2004-06-28)[2022-07-05]. http://www.ln.xinhuanet.com/wangtan/yu/yu.htm.

容，也是良渚文化玉器中非常独特和复杂的一类器物。成套头饰主要包括半圆形器作为缝缀所组成的箍形头饰（额饰），以及作为梳背的冠状器、中叉组装玉管的三叉形器、成组的锥形器等插件类头饰，其中成组的锥形器作为扦插头饰起固定和装饰作用。

良渚文化高等级墓葬中玉佩饰的组合情况复杂，而头端部位的葬仪却是墓主身份、地位、性别和等级的最好反映（图 2.7）。冠状器主要分布于环太湖的东南，只有高等级聚落的显贵才能使用，是神像冠帽的直接象征。三叉形器、成组锥形器具有男性性别和地域的鲜明标识，成组锥形器中组合件数的多少也是男性权贵等级的标识，而雕琢神像的成组半圆形器迄今仅在良渚遗址群最高等级墓地反山 12 号墓中发现。

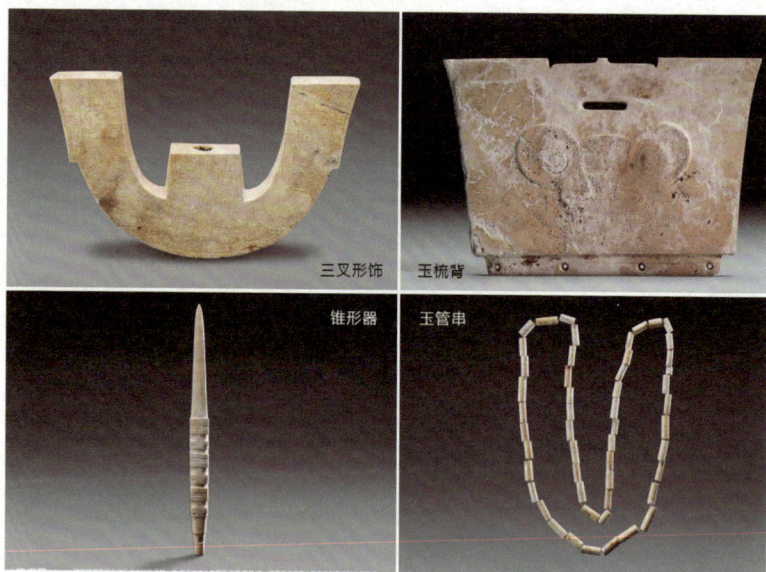

三叉形饰　　玉梳背　　锥形器　　玉管串

图 2.7　良渚文化玉佩饰
（图片来源：《反山》，文物出版社，2005 年）

## 1. 冠饰

出土琮王、钺王和权杖的反山12号墓墓主既是左右神灵的大巫，又有着强大的世俗权力，他身份无比尊贵，生前居住在莫角山王宫，是集神权、王权和军权于一身的王者，用玉级别最高，组合最全，质地最精。考古学家根据反山12号墓墓主头端部位出土玉器的状况，模拟了他入殓时的头端仪容：头戴缀着三叉形饰的冠冕，众多的锥形饰立插在冠上的羽毛之间，头的上端束一副缀有四枚半圆形额饰的额带，嵌有冠状饰的"神像"放置在头的侧边，有的"神像"上还装嵌有玉粒，并有项链状的串饰。冠状器、三叉形器、成组锥形器、成组半圆形器共同组成了5000年前良渚文化最高等级"王"的冠饰。（图2.8）

## 2. 头饰

冠状器：冠状器其实是一种玉梳背，通过下方的孔镶插在骨质或象牙质梳子上，整体作为一种束发的插件，是良渚权贵重要的头饰，男女均可以插戴。冠状器作为梳背的主体，与玉器上雕刻的神像冠帽形状相仿，这也是当年反山、瑶山发掘时将其命名为"冠状饰"的原因所在。反山12号墓出土的冠状器顶部雕琢为介字形冠状，两侧边微内凹，是冠状器的典型形制，可能寓意着人神沟通。在瑶山墓地每个墓都有出土的玉器只有冠状器，且每墓只出土1件，这是全部墓葬的共性之一。1999年浙江海盐周家浜遗址首次发现冠状器完整地镶嵌在象牙梳上，因此又将其称之为"玉梳背"。冠状器在良渚文化显贵墓葬中多有发现，每墓1件，早期冠状器顶部往往雕琢为半圆形，主要分布在杭、嘉、沪地区，而在苏南沿江等地的良渚文化高等级墓葬中比较少见。

三叉形器：男性权贵的冠饰，中叉的上方往往紧连一根玉管，中叉下方的簪状插件朽烂不存。三叉形器仅为男性权贵所有，是

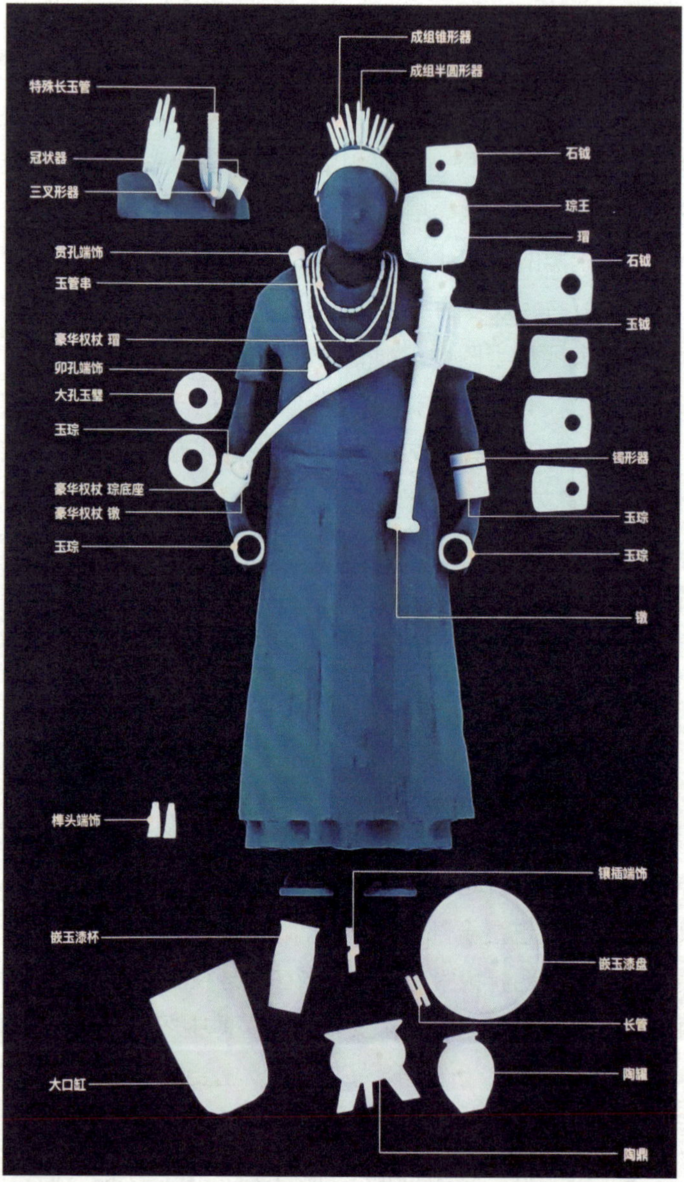

图 2.8 反山遗址 12 号墓墓主葬仪复原
（图片来源：良渚博物院提供）

典型的贵族男性身份的标识。这类主要分布于良渚遗址群和周边地区，以良渚遗址群和临平遗址群的出土数量最为丰富，在桐乡—海宁地区渐渐递减，不见于苏南和上海地区，地域分布特征鲜明。

三叉形器（图2.9）形制独特，造型复杂。尤其是其背面的结构，有平面的，也有立体的凸块；有时背面也雕刻有精美纹饰，表明佩戴时可以从正反两个方向看到饰面。两叉的部位，有贯孔，也有卯孔，三叉形器贯孔均为对钻孔，无论背面有没有凸块，孔均为漏斗形，这样便于其他材质的簪的榫插，贯孔两侧的卯孔可以增加榫插时的稳定性。三叉形器中叉上方的长管均为贯孔，如果仅是中叉与长管的卯接，长管就无须贯孔，所以推测长管卯接后，长管的上方或许还可以镶插其他物件，比如羽毛等。三叉形器上还有类似的缝缀孔，形制不明，或许也可以镶插羽毛类的饰件。

成组锥形器：锥形玉饰是良渚文化的典型器物之一，上端呈尖状，下端呈短棒状，有成组和单件之分。锥形器常通过短榫成排固定在有机质载体上作为冠饰，冠饰使用的锥形器数量多为奇数，以3、5、7、9、11件为一组，与墓主人的等级和身份地位有关。成组锥形器出土时少者3件，多者如瑶山10号墓，达11件，仅发现于男性权贵墓葬，中间一件往往较长，或雕琢琮式纹样。

成组半圆形器：成组半圆形器（图2.10）极具地域特征，仅出土于反山和瑶山，如反山12、14、23、20号墓，以及瑶山12号墓，虽与墓主性别无关，但反山这四座墓葬和瑶山12号墓的随葬品数量和种类均居于同类墓葬前列，说明半圆形器是地位极高的权贵所独占的器种，只在高等级墓葬才会有。反山12号墓的成组半圆形器一共有4件，是唯一一组雕刻神像的，足见其墓

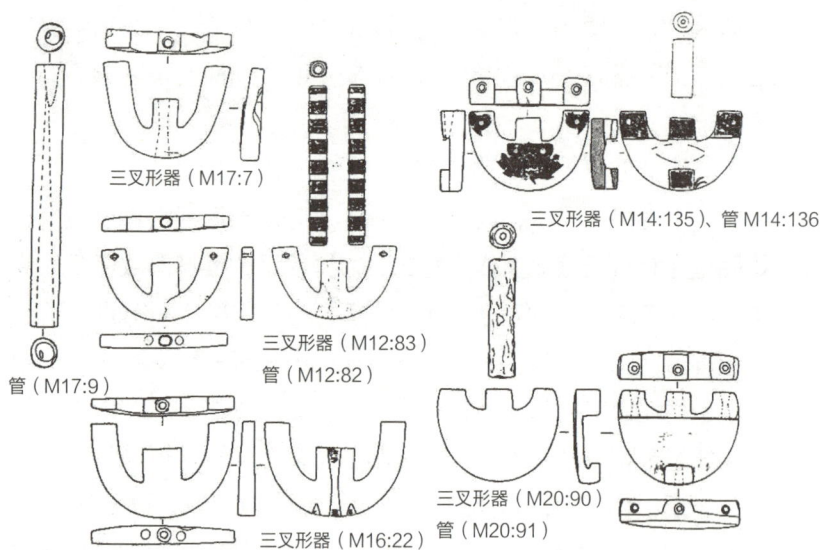

三叉形器（M17:7）

管（M17:9）

三叉形器（M12:83）

管（M12:82）

三叉形器（M16:22）

三叉形器（M14:135）、管 M14:136

三叉形器（M20:90）

管（M20:91）

图 2.9 反山出土的三叉形器及配伍玉管

（图片来源:《反山》，文物出版社，2005 年）

图 2.10 反山 12 号墓半圆形玉饰拓片

（图片来源：《反山》，文物出版社，2005 年）

主人地位之高。半圆形器正面弧凸，背面弧凹且有隧孔，出土时呈圆周状分布于墓主头部，推测原先应该呈等距状缝缀在皮革或丝麻等载体上，复原围径 20—30 厘米，可能是墓主头端佩戴的额带或冠帽的主件。

### 3. 项饰及胸饰

在反山、瑶山已发掘的 24 座墓葬中，女性贵族墓为 8 座，推测为掌控权力的几代家族若干对夫妻的合葬墓地。瑶山墓地北排中部的 11 号墓随葬玉器以璜、成组圆牌、镯、各类串饰和纺织器具为主，无论从数量、种类还是品级上都为良渚文化女性墓之最，也超过了多数男性贵族墓，应当是某位良渚王后之墓（图 2.11）。这个时期，男女墓葬已经有了明显的差异。女性墓葬中没

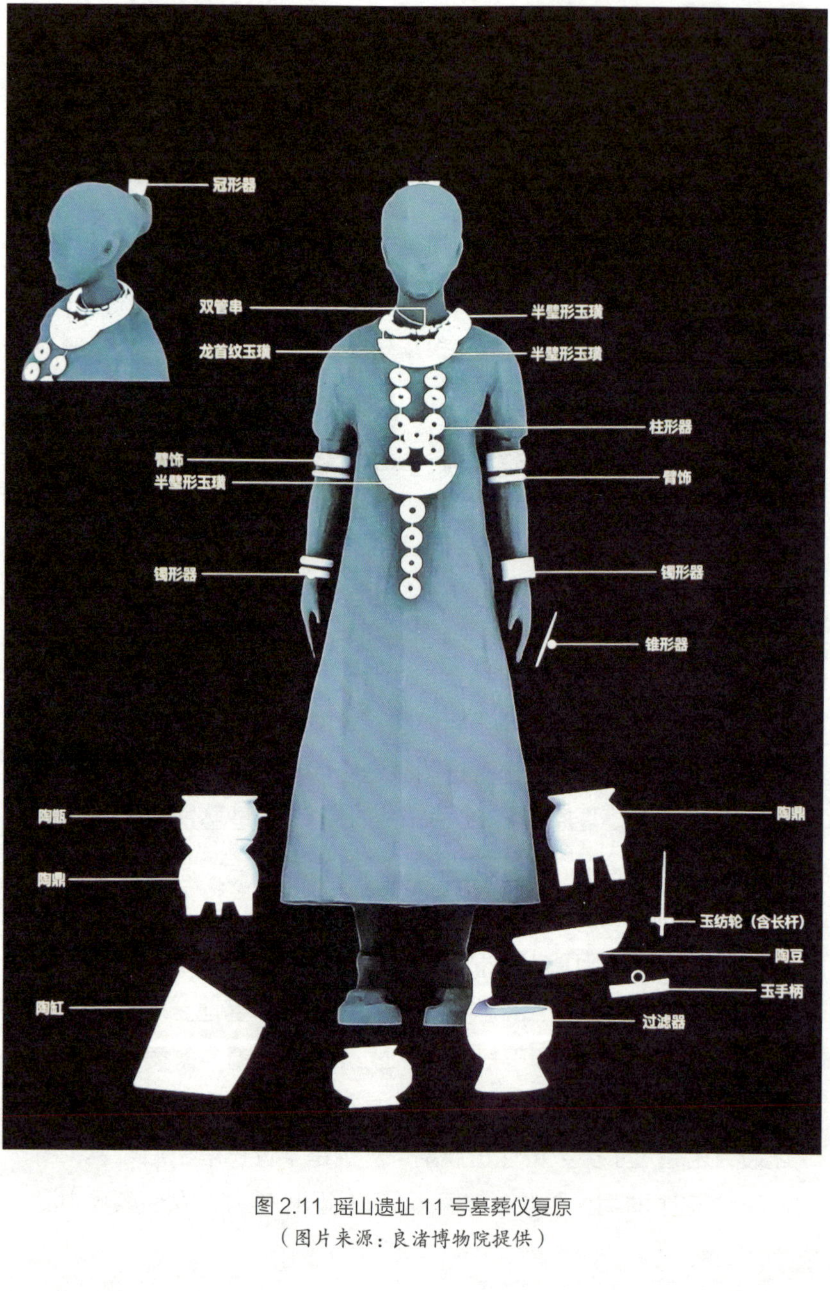

图 2.11 瑶山遗址 11 号墓葬仪复原
（图片来源：良渚博物院提供）

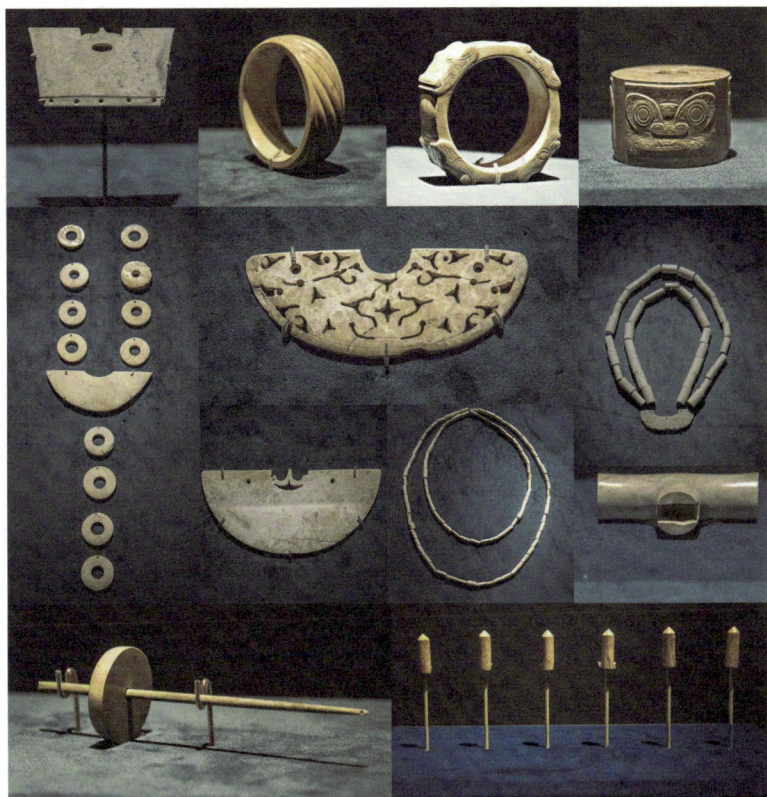

图 2.12 女性墓随葬玉器
（图片来源：良渚博物院提供）

有玉琮、玉钺、三叉形器、成组锥形器等玉器，这意味着此时女性地位已不及男性，而玉璜、成组玉圆牌、玉织具这些器物则属于女性独有，臂穿的环镯、串系的管珠、缝缀的牌饰，以及鸟、龟、鱼、蝉等动物造型的穿缀玉器，共同组成了贵族女性头部以下的装饰（图 2.12）。

距今 8000 年的兴隆洼玉玦是我国最古老的玉制装饰品，呈环状，切割一豁口，出土时置于墓主双耳处，推测为耳饰。随后装饰人体的玉器开始转移到颈部的挂饰和头顶的插件，而玉璜则是颈部最为重要的挂饰。

璜：璜作为颈项串饰，是女性权贵的重要玉器，以半璧状形态为主。就"璜"而言，这类玉器早在中国新石器时代中期就已作为人体装饰品出现，其器形也有条形、桥形、半璧形、扇形等多种形态。良渚文化继承与发展了本地区自马家浜文化以来制作和使用玉璜的传统。良渚早期的玉璜，虽然仍保留着颇多的崧泽文化遗风，多见形体不规整的条形璜和桥形璜，此后，形体规整的半璧形璜逐渐成为主流的形制。良渚多数半璧形璜上部顶面平直，中央切割出近半圆形的凹缺，凹缺两侧有对称的小系孔。璜体常分正背面，背面平整，正面则多弧凸，上中部稍厚，往边缘处渐薄，整体均衡对称。良渚文化中期之后，随着男性威权的迅速崛起，象征女性权贵身份和地位的璜就渐渐阙如了。玉璜形式多样，有单独一件的，也有与其他玉器成组搭配的，部分良渚玉璜还琢刻精美纹饰。瑶山11号墓一共出土了4件玉璜，其中3件位于颈部，应为颈饰。该墓出土的桥形璜以浅浮雕结合阴线琢刻着四组龙首纹，同墓出土的半璧形璜与反山16号墓的异形璜，则以透雕与阴刻线相结合的技法，雕琢了抽象的兽面纹。而神人兽面组合的纹饰，目前仅见于反山22号墓出土的2件玉璜。可见，或繁或简的兽面纹，是良渚玉璜上最常见的纹饰。

玉璜在环太湖地区早期的马家浜文化和崧泽文化时期，都是单独穿绳引线勒系于人体颈部作为佩饰。到了良渚文化，璜的组佩方法和佩挂形式都较以往有了明显的改变，璜跟一定数量的管、珠乃至圆牌饰等玉器共同穿系连缀成组的现象已相当普遍。玉璜由此也成为良渚文化最富特征的组佩件玉器。

成组圆牌：成组圆牌是在反山、瑶山发掘时根据出土状况和器物形态命名的，由钻系孔的小璧环和玦式圆牌组成，是女性权贵的专属随葬品。

玉管串、玉珠：良渚文化玉器中数量最多的就是玉管串和玉珠，是成组玉佩饰的基本组成元素。它们或单独组装成串，或与玉璜复合成串，出土时位于墓主头前到脚端的多个位置。其中玉管一般有圆柱形、琮形等，玉珠的器身大小不一，多素面，中有对钻圆孔。玉管串通常是把一长段玉管切成多个后串起来，有不同的连缀方式，大多与玉璜连成项饰的组合。

玉镯：女性墓中的玉镯和镯形器也较多，通常戴在手腕或手臂上，瑶山 11 号墓出土的绞丝纹玉镯和 1 号墓出土的龙首纹玉镯是其中的精品。

此外，还有置放在棺盖上的成组柱形器、棺端的带盖柱形器，作为穿缀件的管珠串、隧孔珠、隧孔牌饰、动物形缀件，作为权杖组装件的各类玉端饰，作为镶嵌件的嵌玉漆杯，以及作为工具玉礼器化的玉纺织具、玉刀、玉匕等，它们共同组成了良渚文化玉器。

成组玉礼器代表着拥有者的身份、等级和地位，是一把衡量良渚中心遗址群和周边遗址墓地等级的标尺。从良渚遗址群及周边地区遗址群出土的主要玉器分布情况（表 2.1）可推测出聚落的等级与规模。极具地域特征的成组半圆形器，仅出土于良渚遗址，这也说明良渚古城是良渚古国的政治和权力中心。

表 2.1　良渚遗址群及周边地区遗址出土主要玉器的情况（空白表示少或阙如）

| 遗址群<br>器类 | 良渚 | 临平 | 桐乡－海宁 | 青浦 | 吴县－昆山 | 常州 |
|---|---|---|---|---|---|---|
| 琮、璧、钺 | √ | √ | √ | √ | √ | √ |
| 瑁镦玉钺 | √ | | | √ | | √ |
| 成组半圆形器 | √ | | | | | |
| 冠状梳背 | √ | √ | √ | √ | | |
| 三叉形器 | √ | √ | √ | | | |
| 成组锥形器 | √ | | | | | |
| 成组柱形器 | √ | √ | | | | |

注：空白表示少或阙如

## 三、藏礼于器，"纹"以载道

### （一）藏礼于器

北京大学考古文博学院教授、中国联合国教科文组织全国委员会咨询专家秦岭指出："良渚时期，玉器的发展开始变得更为秩序化，良渚人对玉资源和技术的管理同早期信仰结合在了一起。'纹'以载道，藏礼于器——由此开启了中国礼制和礼器的传统与实践。要理解良渚文化的精神世界和社会秩序，也不妨从这传道之'纹'和为礼之'器'入手。"[1]

良渚文化时期孕育了"藏礼于器"的礼制观念，玉被赋予了某种特定的社会属性，成为其拥有者特殊身份和地位的象征，反映在以琮、璧、钺为代表的玉礼器和严格的"用玉制度"上。装饰功能不再是玉器使用的重点，玉由巫觋事神的法器上升为代表权力、等级和财富的玉礼器。"权力"，不论是等级性的、性别性的，还是地域性的，是良渚玉器所要承载的内容。从良渚文化墓葬出土玉器丰富这一现象，可看到这一时期的宗教气氛之浓厚和礼制贵族名分制度的形成。由于同类玉礼器分布于太湖周围甚至更大的一个地区，或可认为该区存在着一个甚至数个同宗、同盟、同礼制、同意识的多层金字塔式社会结构或邦国集团。良渚社会的用玉制度反映出整个社会具有高度一致的信仰体系，而这

---

[1] 秦岭.良渚的故事（下）.光明日报，2019-07-14（12）.

种集体认同表现在物质层面上，就产生了良渚玉器这样独特又统一的"文化符号"；此外，也反映出社会权力的高度集中，唯此才可以集聚或整合全社会的力量来完成这些"文化符号"的制作和流通。

礼制是中华文明的主要特征和文化内涵，通过规定人与人之间的关系礼法，能够维护社会秩序的稳定。《荀子·修身》中说："人无理则不生，事无礼则不成，国无礼则不宁。"几千年来，中华礼制规范及其蕴含的价值观念早已内化为民族性格的重要组成部分。然而，礼的产生却与人们因敬畏自然、讨好鬼神而举行的宗教祭祀活动有着千丝万缕的联系。《说文》释"礼"曰："履也，所以事神致福也。"可见，礼最初孕育在对神灵祭祀祈福的活动之中。郭沫若认为："大概礼之起源于祀神，故其字后来从示，其后扩展而为对人，更其后扩展而为吉、凶、军、宾、嘉的各种仪制。"从已发现的大规模良渚文化祭祀遗迹群中，可以推测当时的神权社会中，祭祀活动已经出现了礼仪化的萌芽，有专门主持祭祀活动的神职人员和一整套祭拜天、地诸神的礼仪程序，祭礼已悄然产生。

王绵厚认为，"玉礼学"的产生标志着从"祖先崇拜"向"礼制崇拜"的过渡，并预示着文明国家的出现。以"睑玉"或占卜、祭祀玉器为代表的"玉神学"，经历了从母系氏族向父系氏族的过渡后，在"玉文化"的发展中，又经历了更高层次的发展阶段，这就是建立在父权制基础上向文明国家"礼制"社会过渡的"玉礼学"。这一时期玉器制造工艺和文化内涵具有新的社会学意义，具体表现为玉器制作选材精良，加工繁缛，造型规范而含蓄，更具有抽象化和象征性的礼俗特征。[①]

　　玉本身所具备的特殊的自然属性和玉器所集中体现的政治上以及观念上的社会属性，在中华文明形成的进程中起到了重大的作用。独特的玉器是良渚文化物质与精神文明的双重代表，反映了一个以神权为纽带的文明模式，而玉琮正是良渚文化中极富特色又有着丰富文化内涵的器物之一，它经历了从圆到方，鼻线加高的演变过程，又被用到后世"苍璧礼天，黄琮礼地"的概念中，其独特的造型，精美的技艺，古老而神秘的纹饰，引发了众多关注，堪称良渚文化玉器的代表。《周礼·春官宗伯·大宗伯》中记载："以玉作六瑞，以等邦国：王执镇圭，公执桓圭，侯执信圭，伯执躬圭，子执谷璧，男执蒲璧。以禽作六挚，以等诸臣：孤执皮帛，卿执羔，大夫执雁，士执雉，庶人执鹜，工商执鸡。以玉作六器，以礼天地四方：以苍璧礼天，以黄琮礼地，以青圭礼东方，以赤璋礼南方，以白琥礼西方，以玄璜礼北方。"这段文献描述了国家政体、社会分层和宗教祭祀三个方面的基本礼仪。所谓"以玉作六瑞，以等邦国"，所说的便是天下共主与诸侯这样的国家政体。"六瑞"和"六器"虽同属礼器，但二者的名称、用料、形制、功用是完全不同的。六瑞是用于朝聘的信物，在君臣之间表爵秩等级，在邦国交往中表示礼节和等级。其中，镇圭、桓圭、信圭、躬圭的外形都是一样的，但玉质、尺寸、纹饰不同。六瑞的功能在于体现政治体制，不同的器形代表不同的政治权利，象征着中央王朝和诸侯国的统属关系。"以禽作六挚，以等诸臣"描述了诸侯国的社会和政治分层，"以玉作六器，以礼天地四方"讲述的是王朝的祭祀礼仪。六器的功能在于体现祭祀礼仪，

---

① 王绵厚."玉神学"、"玉礼学"与文明发端. 辽宁省博物馆学术论文集第三辑（1999—2008）（第三册）. 沈阳：辽海出版社，2009: 2023-2027.

即"以玉事神"，象征着对天地四方的贯通，代表着意识形态的权力，也就是所谓的神权。"琮之言宗，八方所宗，故外八方，象地之形。中虚圆，以应无穷，象地之德，故以祭地。"《周礼》虽然记载的是西周（或商周）的礼制规范，但正如杨伯达先生指出的，"《周礼》所记的时代背景远远超出周代，可追溯至新石器时代。北自龙山文化，南至良渚文化区域所出玉器中，有的与《周礼》文字记载相关或吻合，说明《周礼》所记也不限于周，而远涉'三皇五帝'时代的某些社会习俗"[①]。从这个意义上说，长江流域和黄河流域出现的新石器时代晚期至青铜时代早期的璧、琮、圭、璋、琥、璜等玉礼器的造型，无疑应是夏、商以后规范的玉礼器的源头和雏形。夏、商以来玉礼器的母体形制，早在新石器时代晚期就已经形成并进入规范化，商代殷墟妇好墓出土的大量精美玉器，进一步证明了这一点。

虽然在史前考古中璧、琮、圭、璋、琥、璜的器型已被证实，但是上述文献所说的用玉制度并不一定全是史前社会的现实情况。夏鼐认为，"书中关于六瑞中各种玉器的定名和用途，是编撰者将先秦古籍记载和口头流传的玉器名称和它们的用途收集在一起，再在有些器名前加上形容词使成为专名；然后把它们分配到礼仪中的各种用途中去。这些用途，有的可能有根据，有的是依据定义和儒家思想，硬派用途。这样他们便把器名和用途，增减排比，使之系统化了。先秦古书中提到玉器时，一般是仅有名称，很少有形状的描述。《周礼》中常常说明瑞玉的尺寸大小，排列有序，显然是系统化和理想化的结果"[②]。

---

① 杨伯达. 牙璋述要. 故宫博物院院刊，1994（3）：47.
② 夏鼐. 商代玉器的分类、定名和用途. 考古，1983（5）：455-456.

### （二）"纹"以载道

"纹饰"即纹样，是装饰花纹的总称，亦称花纹、花样、图案等。纹饰是中华优秀传统文化源远流长的见证，作为一种传承文化的符号体系与载体，其表现形式与类型也是极其丰富的。工艺美术大师吴山认为："我国的纹饰，具有一个鲜明特色：从内容到形式，多数具有明确的功利性和实用性，含有丰富的社会内涵，直接或间接地表达了当时当地的文化习俗、信仰、意志等。多数具有一定寓意，不是一种无目的的唯美虚饰。"[①]

纹饰能赋予器物特殊的价值，藏礼于器，文（纹）以载道。"纹"与"文"因何相通？一般的解释是"文"源于"纹"。许慎在《说文解字·序》中说："仓颉之初作书，盖依类象形，故谓之文。其后形声相益，即谓之字。文者，物象之本也。"鸟兽之纹启发了古人的造字思维，仓颉等人因而模仿足迹和毛羽，用交错的线条组织成形形色色的文字。因此，纹饰和图符都是具有特定意义的物象之本。在没有文字的原始社会，信仰和崇拜早已有之，玉器是承载良渚人集体认同的"文化符号"的实物载体，玉器上的纹饰有象征和表意的作用，是凝聚良渚人精神信仰的观念之物。从玉器上刻画的神人兽面纹"神徽"上我们可以感知到，这是一个因敬畏与颂扬而创作的神灵形象，记录的是良渚人的神话，从中亦可窥探出当时的良渚古国是一个崇尚鬼神的神权国家，祭祀仪式是国家政治生活的一项重要内容。

神人兽面纹是史前最为流行的纹饰题材之一，在为造神而兴起的史前艺术的造型传统上，狰狞的神态和半人半兽的艺术创意是全世界的一个通例，不仅出现在良渚的神人兽面纹上，也能

---

① 吴山. 中国纹样全集. 济南：山东美术出版社，2009：前言 1.

在 1000 年后古埃及的狮身人面像上找到异曲同工之处。纹饰虽以相对具象的形态表达，但手法具有较强的概括性，几何式的抽象特征明显。王仁湘认为，史前中国艺术创意中的獠牙神面在距今 8000—4000 年之间的南北地区大范围流行，可以确定是崇拜与信仰的认同。将动植物人格化，这是史前人造神的固定方式。一种动物图像，在给它安上一个人面之后，它便有了神格，半人半兽，也就成了神形的固定格式。史前的獠牙神面像，正是在人面上加饰了动物獠牙创作而成的。獠牙构图基本类似，上下各一对，上牙居内下牙居外，风格一脉相承。狰狞的神态在史前艺术的表现上是一个通例。①

良渚人对神灵的崇拜与敬畏，极具想象力，他们将"纹"与"器"、虚幻与现实、抽象与具体、人与自然有机地结合，通过玉器所传播的，不仅仅是一种艺术表现形式，更重要的是玉器形制和纹样等艺术符号中传递的文化信息，这是引导我们进入先民精神领域的一条通道。良渚文化瑶山、反山遗址出土玉礼器上的神人兽面形象，是良渚文化神崇拜的产物，也是玉器上的神灵观念的主题。神人兽面纹也称为良渚"神徽"，是整个环太湖流域良渚文化圈的统一形象，具有强烈的族群认同和神权至上的意义，体现良渚文化统一的宗教信仰。

祭坛是良渚人神崇拜的场所，不同营建方式及规模的祭坛是否有祭祀对象、祭祀礼仪上的区别，我们尚不可知，但玉礼器上琢刻的纹饰是构成良渚玉器等级和层次的一个重要方面，它给玉器平添了许多深刻的文化内涵，体现了原始宗教神灵崇敬的本质，可以说良渚玉器上的纹饰象征着原始宗教灵魂的依附。② 关

---

① 王仁湘．石峁石雕：艺术传统与历史因缘．中华文化论坛，2019（6）：22–24.
② 赵晔．良渚文明的圣地．杭州：杭州出版社，2013：101.

于新石器时代的早期原始宗教，张光直认为："对文明出现最具有说服力的是与宗教祭祀有关的标志图案和符号，以此显示某些权力，并提供唯一一种宗教祭祀在政治或其他场合发挥作用的线索。"他也认为宗教祭祀与文明、与权力有着不可分割的关系。"对祭祀的垄断，意味着统治者对神的世界和人间社会所显示的智慧的独占权。"祭祀作为与王权不可分离的一大因素，是文明出现的关键所在。①

良渚文化发达的稻作农业，为人们的生活提供了丰裕的物质基础；先进的石器制造、制陶业、木作等专业技术，促进了综合生产力水平的极大提高。玉器制作的采掘玉料、搬运、开料、制胚、雕琢、打磨抛光等一系列生产过程，需要消耗大量劳动力，是体力和脑力劳动结合的复杂生产，而且必须在严密的组织管理机制和"神""巫"观念统筹支配的控制下完成。从对玉这种重要资源的控制，玉器生产过程的复杂化劳动，到按占有者的身份、地位、等级高下的分配，无不反映了良渚文化社会组织处于一种有效而有序的状态之中。

---

① 张光直.宗教祭祀与王权.明歌，译.华夏考古，1996（3）：103-108.

# 第三章
## 良渚文化玉器纹饰艺术研究

　　在万物有灵的原始宗教影响下，玉的功能发生了转化，由审美装饰之物发展为祭祀所用的"玉神器"，最后上升到标志礼仪制度的"玉礼器"，成为良渚古国的国之重器，礼之所依。玉器上的纹饰，蕴含着良渚人的思想观念、宗教信仰和审美意趣，是用远古美学观念所创造的，具有特殊象征意义的艺术符号。对纹饰的识读，是理解良渚人精神世界的关键所在。

　　玉器上的纹饰大多反映良渚人从自然崇拜向祖先崇拜过渡，从多元信仰到统一神灵信仰转化时期的精神世界。反山"琮王"上完整的神人兽面纹，是整个良渚文化圈最重要的神灵形象，称为良渚"神徽"。这一形象的塑造与当时"巫政合一"的社会统治形态有着直接关系，很可能就是良渚古国缔造者的神化形象，是良渚人经过艺术加工后的意念表达，富含良渚文化神崇拜的因素。因此，神人兽面纹的解析对于认识史前美术发展水平和分析远古观念形态具有典型意义。

# 一、图像与信仰

## （一）史前美术的黄金时期

石器时代是美术的萌芽期，远古先民的技术和审美意识在不断改造自然的过程中得到了锻炼与发展。这个时段的美术不是纯粹为美而创造的，它与生产力发展、社会生活和宗教信仰有着密切关系，是实用与审美的结合物。在漫长的石器制作过程中，玉石固有的质地和色彩给人以美好的感受，也就是后人所说的"石之美者"[①]，因此常被制成装饰物。史前遗址中早期出土的玉器多为生产工具和装饰品，证明了实用和装饰是原始民众对玉器的最早需求。这些装饰品实质上是一种"从萌芽形态向成熟形态过渡的史前艺术品"[②]。

人类最初对美的认识是懵懂而无知的，在漫长岁月中通过对美的感知、体验和实践，才逐步建立起较为成熟的审美观念。此时的绘画和雕刻艺术，主要反映在彩陶、玉石器、漆器等的装饰纹样上，已初现多样统一、对称平衡等艺术特点，能随器形的不同而变化。这反映出在远古时期，人类就已经形成了一定的观察事物的方法和美学观念。

---

[①] 汉代许慎在《说文解字》中给"玉"下的定义为："玉，石之美者。"他认为玉器有"五德"之美，即坚韧的质地、莹润的光泽、绚丽的色彩、致密而透明的组织、舒扬致远的声音。

[②] 何利群.玉与史前观念.中国历史博物馆馆刊，1995（2）：12.

## （二）艺术与原始宗教

在没有文字的原始社会，艺术长期伴随狩猎、祭祀等人类活动，遗存下来的器具和纹饰图案成为先民生活和信仰的写照，也是史前艺术研究的主要对象。1871年，英国著名人类学家泰勒在《原始文化》一书中，最先提出艺术起源于"巫术"的观点。他认为，在原始社会，最初的艺术有着极大的实用和功利价值。早期人类无法科学地了解大自然，也无法解释许多自然现象，这种原始心态及认知水平导致了巫术的诞生。巫术是古人试图解释未知自然力的一种行为方式。弗雷泽在对原始宗教，特别是原始巫术的研究基础上指出，与宗教不同，巫术则断定一切具有人格的对象，无论是人或神，最终总是从属于那些控制着一切的非人力量。任何人只要懂得用适当的仪式和咒语来巧妙地操纵这些力量，就能够继续利用它。[①] 在这种观念的支配下，巫术活动中诞生了原始的游戏、舞蹈、音乐与绘画等多种艺术形式。

原始人类既受到自然力量的支配，又受到社会力量的支配，便逐渐把这种支配幻想成对自然力量的崇拜和对氏族祖先的崇拜。这两种崇拜对象是原始氏族宗教的基本对象，由此发展出了对超自然体神灵的信仰及崇拜。伴随着原始聚落的产生，出现了最初的原始宗教及祭祀、占卜等形式，并产生了主持这些宗教祭祀仪式的神职人员——"巫觋"。在中国文明起源中，氏族部落的神权、军权往往是合一的。当时的巫（女性）觋（男性），往往也是氏族部落的首领，部族事务由他们向"天、地、人、神"占卜决定，巫觋因此成为至高无上的"神"的化身，在史前社会复杂化进程中扮演了重要角色。

---

① 弗雷泽. 金枝（上）. 徐育新，等译. 北京：中国民间文艺出版社，1987: 79.

　　巫觋通神需要媒介物，远古先民按照万物有灵观念，认为美石——"玉"是天地之灵气孕育而成，具有沟通天地鬼神的灵性。于是在巫术和原始宗教的影响下，玉的功能发生了转化，由审美装饰之物转化为神物。新石器时代中晚期出现的玉器大多为巫觋事神的宗教法器，其主要功能在于沟通神灵，巫觋向神献玉，使之事神、媚神、敬神。在甲骨文中"巫"的字形为"卍"，《说文解字》中释为："巫也，以玉事神，从玉。"[1] 又曰："巫，祝也，女能事无形，以舞降神者也。……男能齐肃事神明者，在男曰觋，在女曰巫。"[2] 可以看出，早期象形文字中，巫是两玉字交叠所成，又像女巫挥两袖作舞形，是对"巫"和"玉"之间渊源的解释。

　　"玉神器"这一观念是在万物有神的原始宗教氛围之下产生的。"玉"被认为是"神物"的文字记载最早出现于《越绝书》[3]卷十一，源自春秋时期楚国相剑师风胡子为楚王讲述上古时期以石、玉、铜、铁四种原料制造的兵器在各个历史阶段发挥的作用的对话。原文如下：

　　　　风胡子对曰："时各有使然。轩辕、神农、赫胥之时，以石为兵，断树木为宫室，死而龙臧。夫神圣主使然。至黄帝之时，以玉为兵，以伐树木为宫室，凿地。夫玉，亦神物也，又遇圣主使然，死而龙臧。禹穴之时，以铜为兵，以凿伊阙，通龙门，决江导河，东注于东海。天下通平，治为宫室，岂非圣主之力哉？当时之

---

① 许慎．说文解字．北京：中华书局，1963：13.

② 许慎．说文解字．北京：中华书局，1963：8.

③ 《越绝书》是记载我国早期吴越地方史的重要典籍，现存 15 卷。该书以春秋末年至战国初期吴越争霸的历史事实为主干，上溯夏禹，下迄两汉，旁及诸侯列国，对这一历史时期吴越地区的政治、经济、军事、天文、地理、历法、语言等多有涉及，被誉为"地方志鼻祖"。此书不仅是浙江最早的地方志，也是国内现存最早的地方志。

时，作铁兵，威服三军。天下闻之，莫敢不服。此亦铁
兵之神，大王有圣德。"楚王曰："寡人闻命矣。"①

文中所谓"以石为兵""以玉为兵""以铜为兵""以铁为兵"，
即对应今天考古学上的旧石器、新石器、铜器和铁器时代。风胡
子在描述"黄帝之时，以玉为兵"的历史进程中，特别提到了"夫
玉，亦神物也"，提醒楚王"玉"不仅是制造兵器的材料，同时也
是"神物"。

古人还认为玉是天地之精华，具有神性特征，可以避邪保平
安。流传至今的先秦古籍《山海经》②，是一部富于神话传说的古
老奇书，鲁迅先生认为它是"古之巫书"，很可能是史前口头传承
到文字时代的巫书。《山海经》共记载149处玉产地，是涉及中
国史前社会玉资源地理分布的最早文献。其《山经》第二卷《西
山经》中记载："峚山……其中多白玉。是有玉膏，其原沸沸汤
汤，黄帝是食是飨。……天地鬼神，是食是飨；君子服之，以御
为祥。"③大意是峚山有玉膏，玉膏之源涌出时一片沸腾的景象，
黄帝常服食享用这种玉膏。……无论是天神还是地鬼，都来服食
享用；君子佩带它，能抵御妖邪不祥之气的侵袭。我们当然不能
够将《山海经》与历史一一对应，但或许传说捕捉了些许远古人
类意识观念中的影子。书中描述黄帝食飨"玉膏"，播"玉荣"，结
"瑾瑜"，天地鬼神也常享用和君子佩玉可避凶获吉，这些描述反
映出玉被赋予了灵性，成为通神的工具，这是上古时期玉观念的
一次关键性的转化和升华，重新支配和影响了玉的雕琢与使用。

---

① 越绝书全译.袁康，吴平，辑录.俞纪东，译注.贵阳：贵州人民出版社，1996: 225.
② 《山海经》约成书于4000年前，全书分《山经》《海经》，共18卷，3.1万字。内容主要是
民间传说中的地理知识，涉及地理、历史、植物、动物、矿物、医药、鬼神、祭祀、氏族部落等
诸多方面。其保存了包括夸父逐日、精卫填海、大禹治水等在内的不少脍炙人口的远古神话传说。
③ 刘向，刘歆.山海经.崇贤书院，注释.北京：北京联合出版公司，2017: 47.

巫觋们通过巫术仪式来证明自己可以与神灵沟通。《山海经》中记载的很多巫术活动，是研究上古时期宗教巫术的宝贵材料，可以帮助我们了解巫术意识、巫祀行为和祭祀礼仪的形成。如《大荒西经》记载："大荒之中有山，名曰丰沮玉门，日月所入。有灵山，巫咸、巫即、巫盼、巫彭、巫姑、巫真、巫礼、巫抵、巫谢、巫罗十巫从此升降，百药爰在。"[1] 说的是在最荒远之地有座叫丰沮玉门的山，是日月降落后进入的地方。有一座灵山，是各种各样的草药生长的地方，巫咸等十位巫师从这里升到天庭或是下到人间。从中可以看出，巫师往来于天地间，是沟通天神旨意与人间民情的使者，同时还具备采药治病的职能。再结合"巫"字结构可知，"工"上下两横代表天与地，中间连接的一竖貌似灵山的天梯，在天地通道之间上下的"人"即是巫。又如《海外西经》所述："女丑之尸，生而十日炙杀之。在丈夫北，以右手障其面。十日居上，女丑居山之上。"[2] 大意为女丑，是被十个太阳活活烤死的，女丑的尸体位于丈夫国的北面，死时用右手遮住自己的脸。十个太阳高高地悬挂在天空中，女丑就在山上。女丑之尸描述的是巫师在驱除旱魃时的一场生死较量。丈夫国北面的天空中，有十个太阳，女巫受部落重托求雨。在高山之上，女巫用右手衣袖遮住脸，挡住强烈的日光……但最终，雨没有下，女巫被活活晒死。学者推测"女丑之尸"与"后羿射日"之间有关联，求雨时的"暴巫"[3] 行为，其本质就是一种巫术行为和祭祀仪式。

原始宗教的萌生、发展、兴盛与衰落都与"玉"有着密切联系。巫术作为原始宗教的表现形式，也是传播原始宗教信仰的重

---

① 刘向，刘歆.山海经.崇贤书院，注释.北京：北京联合出版公司，2017: 321.
② 刘向，刘歆.山海经.崇贤书院，注释.北京：北京联合出版公司，2017: 242.
③ 暴巫是一种古代风俗。大旱不雨，则曝晒女巫，冀天哀怜之而降雨，谓之"暴巫"。出自《礼记·檀弓下》。

要途径。巫觋是原始宗教的主宰者和传播者，先民认为他们有着通灵的特殊能力，能传达神的旨意，因此在原始社会中扮演着特殊角色。他们既是沟通人神、主持祭祀、祈祷占卜等宗教活动的巫师，又是从事医疗治病、采药炼丹的始祖，还是社会礼仪制度、文艺表演艺术的先驱。随着原始宗教的发展，巫觋逐步以沟通天地的本领获得更大的社会权力，其规模由个人发展至群体乃至社会组织中的特定阶层，社会地位也攀升到了高层。

巫觋通过各种仪式让人们相信其具有通神的本领，虽然在今天这种做法被视为"迷信"，但在当时，他们是真诚而又热烈地相信神灵是存在的，也相信自己拥有通神能力。然而，仅仅具备这种与神灵沟通的能力是不够的，还必须借助手中的法器才能达到与神灵沟通的目的。"玉"被视为通神的灵物，它是祭祀天地、沟通神灵的宗教法器，宗教礼仪活动中原始信仰的附托物，还逐渐被发展为国家意识、礼仪规范、社会等级、财富权力、丧葬习俗的文化载体，是人们精神及观念的物化外显形式，它把神人沟通的想象性、象征性表达与真实性的社会因素凝聚到一起。巫觋赋予作为沟通神灵的法器的玉以特殊的形制和纹饰，并培养了一批精于琢刻玉器的工匠，他们是上古艺术创作的直接参与者，促成了用玉等级制度和礼制的形成。

### （三）史前玉文化高峰

玉文化作为中华文明的重要文化基因，也是良渚文明的重要内容之一。华夏民族自古以来就对玉有着特别的情感，赋予了玉很多美德，将玉道德化、人格化，给本为自然之物的玉增添了丰富的文化内涵。虽然玉石在质地上有优劣之分，在材料上也有很大的区别，但这并不影响人们对它的珍爱和推崇。东汉许慎在

《说文解字》中记载："玉，石之美者，有五德。""石之美"说明玉与石的关系，是其客观存在的矿物属性。而"五德"为"仁、义、智、勇、洁"，即"润泽以温，仁之方也；鰓理自外，可以知中，义之方也；其声舒扬，专以远闻，智之方也；不挠而折，勇之方也；锐廉而忮，洁之方也"[1]。意思是玉具有温润柔和的光泽，表明玉善施恩泽，富有仁爱之心；玉晶莹剔透，其结构特征纹理皆可一览无余，表明玉竭尽忠义之心；如果敲击玉石，会发出清脆动听的声音，悠扬悦耳，传遍四方，犹如把智慧传授给他人；玉的硬度强，韧性好，表明玉的坚韧不屈和勇敢；玉碎即使有断口也不锐利，体现了玉的洁身自律，能约束自己，不伤害他人。显然，五德是伦理道德观念附着于客观物质"玉"的一种带有民族集体审美意识的文化现象。早在许慎之前，孔子也有过类似的解读，他认为"玉"具有"仁、智、义、礼、乐、忠、信、天、地、德、道"等十一种品性和象征。《诗经》有"言念君子，温其如玉"的记载。[2] 玉石本身除了温润的质地外，还具有丰富的色彩。《吕氏春秋》中有古人对玉色泽的描述，古人将玉色与天、地、四方联系起来，分为苍、黄、青、赤、白、玄等色，六器中的璧之苍、琮之黄、圭之青、璋之赤、琥之白、璜之玄等皆为古代对玉色的典型用例。由此可见，中国玉器从一出现，便承载了浓厚的民族文化，并随着人类社会的进步而逐渐丰富。

从玉石的发展历史来看，它最开始也不是作为礼器使用的，而是只制作实用工具的材料，当时的原始人类还未曾将玉石与普通石器分离开来。在使用石器的过程中，人们逐渐发现了玉与石的不同，将二者区分开来，并因对玉石鲜艳的色彩和细腻温润的

---

① 许慎 . 说文解字 . 上海：上海古籍出版社，2007：8.

② 诗经·秦风·小戎 . 刘毓庆，译注 . 北京：中华书局，2012：310.

质地等方面的认识而产生偏爱，有意识地把它分拣出来制成装饰品，美化生活。这样，玉石从普通实用工具的材料变为装饰品的原料，先民们分化玉石的行为孕育了玉器的起源，促进了崇玉、尚玉的文化传统的形成，揭开了中国玉文化发展的序幕。

在万物有灵的原始思维下，玉器从一开始便有着浓郁且神秘的宗教色彩。原始人朴素地认为玉是山川之精华，能够通达神灵。由于玉石质地坚硬，加工困难，更增添了人们对玉石的崇拜，逐渐产生了最原始的信仰和崇拜意识。所以在这样的背景下，远古时期的人类才创造了一系列与宗教祭祀相关的玉礼器。玉器被当作与天地神灵相通的神物，出现在各种祭祀活动中，也就承载了越来越多宗教和礼制的色彩。红山文化的玉猪龙和良渚文化的玉琮便是当时的社会形态所创造的代表作品。

在巫术等原始宗教的影响下，史前美术渗入了浓厚的宗教与等级观念，重心由生活器皿发展而来的陶器艺术，逐步转向以装饰品和祭祀礼器为主的玉器艺术，两者都是史前装饰艺术的代表，具有一脉相承的艺术传统。新石器时代的陶器和玉器集中体现了原始先民的艺术创造力和审美观念的形成，把器皿造型和图案艺术推向了史前美术的发展高峰，对早期中国绘画装饰风格的形成起到了积极影响。随着生产力发展和大型聚落的出现，稻作农业推动了社会的分层分化演变，这时聚落内部需要更强大的凝聚力，于是原始宗教出现了，大规模的宗教献祭活动激励人们忠于共同的事业，同时也促进了巫觋阶层的出现。掌握神权的巫觋，往往也是部落的首领，他们建立起巫政合一的用玉制度，玉器被赋予神秘的宗教色彩，一个个部落的力量被凝聚起来，相同或相似的社会组织和宗教信仰逐渐形成一个个文化共同体。人们投身于复杂的琢玉工艺，把自己的生命和信仰，倾注于玉器制作中。在继彩陶之后掀起的琢玉艺术浪潮中，玉礼器成为史前文化高度认同的象征。

从 8000 年前的兴隆洼文化玉玦开始，世界上最早的玉器组合与工艺技术逐渐向东和南传播，源远流长的玉文化在中华大地上繁盛起来，崇玉尚玉的文化传统形成并流传至今，成为中华文明传承中最富特色的特征之一。新石器时代玉器遗存几乎遍布全国各地，较多集中于东北的辽河流域、中原黄河中下游及南方长江中下游区域的史前文化遗址区。玉文化研究者杨伯达将我国的玉器史、玉文化史划分为史前时期的巫玉（神器）、历史时期的王玉（瑞器）以及民玉（玉翠饰玩）三个阶段。[①] 其中，在巫术盛行的史前时期，巫玉阶段的玉器发展最为显著，相继出现了北方的红山文化和南方的良渚文化两座玉文化发展高峰。其中，以良渚玉琮王为代表的琢玉技术与艺术造型，堪称史前中国玉器艺术的巅峰。

史前玉文化繁荣发展的动力就是神，神是巫创造出来的，巫依靠神的力量来统治社会，任何生产、狩猎、种植、军事和生死大事，都离不开巫与神。被神化后的玉器成了祭祀礼仪中通神的法器，上升为远古氏族的图腾物。人类审美意识的起源与图腾和图腾崇拜息息相关，图腾艺术是早期人类社会普遍存在的一种艺术形式。玉器上的纹饰被认为是古人图腾崇拜意识的反映，是原始宗教的一种重要形式，具有图腾标志的象征语义和浓郁的神化色彩。从美学的角度看，此时的玉器纹饰反映了人们对美的向往与追求，是无文字时代的先民采用原始艺术表现方式所做的历史记录。在良渚文化早期，良渚人就创造了统一的神灵信仰，设计

---

① 杨伯达 . 巫—玉—神泛论 . 中原文物，2005（4）：63-69.

了以琮、璧、钺为代表的玉礼器和神人兽面纹神徽。我们看到礼天的璧、礼地的琮，从它们多变的造型中感受到人们对天地的敬畏。玉礼器成为"礼治"和"教化"的工具后，表现其象征意义的纹饰也由抽象的几何纹转向较为具象的动物纹饰，多以经过幻想、夸张后的动物头部的正面形象出现，充满神秘原始的"狞厉之美"，它反映了巫政合一时代人们的艺术审美和社会观念。"琮、璧都是巫见巫事神的供其以食以享的玉享物和玉神器，同出的玉钺代表军权和不称王的'王权'，这标志掌握着世俗权力的酋长与操纵着以玉事神权力的大觋已经合二为一，出现了一身二任的新型统治者，这距离有文字的真正的文明时代只差一步之遥了。玉文化为文明大厦的构建砌下了坚固的奠基石。"① 良渚社会的统治者通过对玉礼器的占有来达到对信仰的控制，从而实现神权和王权紧密结合的巫政合一的社会统治。

礼制是中华文明的主要特征和文化内涵，有着定名分、序人民、明尊卑、别贵贱的政治教化意义。礼最初产生于在对神灵祭祀祈福的活动之中。从发现的大规模、高规格的良渚文化祭祀遗迹群中，可以推测当时的宗教活动十分隆重，有完整的玉礼器和严格的用玉制度，也有专门主持祭祀活动的神职人员和祭祀仪式，还有一整套祭拜天、地诸神的礼仪程序，祭祀活动已经出现了礼仪化的萌芽，祭礼已悄然产生。由于同类玉礼器分布于环太湖流域及周边地区，或可认为良渚社会存在着一个甚至数个同宗、同盟、同礼制的金字塔式的氏族部落联盟或邦国集团。

良渚社会的各个层面都表现出复杂性和秩序性，整个社会运行高效，显示出强大的动员与组织能力。良渚人修建了庞大的祭

---

① 杨伯达 . 巫玉之光·续集（上）. 北京：紫禁城出版社，2011: 4.

坛、城墙、宫殿、水利系统，完成这些工程需要调动大量的劳动力与社会资源，并以高度统一的精神凝聚力作为保障，而这一切都取决于良渚社会巫政合一的统治方式，巫觋阶层通过对祭祀与神权的垄断获得主导社会运行的权力，玉器正是他们掌控社会的重要物质依托。良渚社会的用玉制度反映出当时具有"一神"化崇拜的早期信仰体系，这种高度一致的集体认同表现在物质层面上，就产生了良渚玉器这样独特的"文化符号"。神权至上，一切社会活动都具有浓厚的宗教色彩。玉器的功能也从最初满足人类生产生活的实用工具，转变为巫师事神的工具"玉神器"，最后发展为标志礼仪和等级、具有事人功能的"玉礼器"，承载了更多元的精神文化。玉神器、玉礼器之间的转变是文明发展的需要，是为了适应社会发展需要用玉礼器来规范日益复杂的社会关系。

良渚文化孕育了玉文化基因，与玉相关的礼制、神话、信仰流传下来，给随后出现的中原国家夏商周带来以玉为神的信仰和对玉礼器体系的崇拜，奠定了华夏文明最重要的文化基因。叶舒宪教授指出："玉文化的驱动要素是玉石神话信仰……从根源看，玉代表一种先于文明国家而存在的信仰系统，是一种史前的拜物教。"[①] 杨伯达认为，史前玉文化经过了数千年的发展，"不断干预社会生活，并逐步广泛化、深入化，终于成为文化主体，成为巫神媒介及华夏文明基础的第一块奠基石"[②]。"巫是玉神器的设计师、琢玉人和占有者，玉神器用于媚神、崇神、祀神、享神并传达神授的旨意，祛邪得福。这种以神旨统治现实生活及其部众的行为可以归纳为'巫·玉·神'的事神规范图式，渐趋发展并形成了施行于全社会多领域内的'巫—神—玉'的整合模式。这一

---

① 陈瑜. 玉文化是江南文化最深远的精神原型. 文汇报, 2019-01-18（10）.
② 杨伯达. 古玉史论. 北京：紫禁城出版社, 2004: 5.

模式不仅是巫以玉事神的程式，更是一种干预社会的政治统辖、军事指挥、生产活动、部落事务、物资分配、公德秩序等等广泛领域的柔性的神权统治模式。"[①] 进入文明时代，巫权被王权所取代，巫被降为为王服务的神职人员。

### （四）图腾崇拜与祖先崇拜

人类生活在带有特殊文化和行为习惯的社会中，每一阶段都有自己独特的象征和文化符号。史前玉器上的纹饰不仅仅是在器物上起到装饰和美化作用，更是一种具有特殊象征意义的符号，反映不同时期人们的审美意识以及观念形态。

良渚玉器纹饰与图腾崇拜有一定的关系。玉器上雕刻的神人兽面纹、鸟纹等纹饰被认为是一种图腾，是良渚人的精神偶像、宗教信仰的集中体现。"图腾"一词来自印第安人的土语"totem"，意为"他的血亲、他的标记"。他们将动物、植物或其他自然物、自然现象引为自己的血缘"亲族"，视其为本族的祖先和崇拜对象。所以，早期的图腾既可以是崇拜对象，也可以是氏族的保护神，还可以作为氏族的徽纹或标志。图腾标志在原始社会中起着重要的作用，是最早的社会组织共同认可、崇拜的标志和象征，具有团结群体、密切血缘关系、维系社会组织和相互区别的功能。

世界上几乎所有民族都曾经历过图腾崇拜的阶段。一方面，在生产力水平低下的远古时代，人们无法支配和解释周围诸多的自然现象，对自然界充满幻想、憧憬乃至畏惧，从而产生出万物有灵的宗教观念及歪曲的世界观，认为存在某种发源于某些客观

---

① 杨伯达.良渚文化瑶山玉神器分化及巫权调整之探讨.故宫博物院院刊，2006（5）：6-7.

存在的物体的神秘力量，通过祭祀神灵可以获得平安，保佑吉祥。这种对自然或超自然力量的崇拜，积淀成为图腾和鬼神产生的社会基础。不同的氏族由于处境所限，往往选择长期接触的动物，并对它产生一种特殊的情感，在内心设定与它有"亲缘""血缘"关系，甚至进而将它上升为氏族的"标志"。另一方面，图腾具有民族性、群体性。不同的氏族、部落以及民族在特定的历史时期，有不同的崇拜物，即使同一民族的不同分支也可出现不同的图腾崇拜。随着社会生产力的不断进步，当人类发现所崇拜的图腾物并不具有他们想象的神力，或者图腾物随着环境恶化减少乃至灭绝时，人类便发挥抽象思维的功能，认为图腾符号具有比图腾物更大的神力，于是逐渐转向图腾意象或者图腾符号崇拜，强调它的象征意义。

史前人类有过多次造神运动，动物形象作为上古人类的图腾，是关于人类来源的想象与对祖先崇拜，是对特定动物形象的美学抽象。远古时代，在人的潜意识里，野兽是力量的代表，在恐惧心理和神秘感的支配下人对其产生了幻觉。《山海经》中记录了450多个奇形怪状、拥有神力的荒诞异兽，大多能从鸟、兽、龙、蛇之类的动物上找到原型，这很可能就是古人的图腾崇拜。如《山海经》所述："巫咸国在女丑北，右手操青蛇，左手操赤蛇。在登葆山，群巫所从上下也。"[1] 大意为巫咸国在女丑的北面，那里的人右手握着一条青蛇，左手握着一条红蛇。有座登葆山，是一群巫师来往于天上与人间的地方。巫咸国巫师左右执蛇的行为表明在巫咸国，蛇被视作神物，是本族崇拜的图腾。《列子·黄

---

[1]  刘向，刘歆. 山海经. 崇贤书院，注释. 北京：北京联合出版公司，2017: 243.

帝》①记载:"黄帝与炎帝战于阪泉之野,帅熊、罴、狼、豹、貙、虎为前驱,雕、鹖、鹰、鸢为旗帜,此以力使禽兽者也。"②说的是黄帝在阪泉的郊野与炎帝作战时的故事,黄帝曾统帅熊、罴、狼、豹、貙、虎为前驱,雕、鹖、鹰、鸢为旗帜,这是用力量役使禽兽的例子。在阪泉之战中加入黄帝部落的各种动物,其实是指以这些动物图腾作为标志的氏族部落。

原始宗教信仰由自然崇拜发展到图腾崇拜,其中自然崇拜的对象是具体的自然物和自然现象,而图腾崇拜的崇拜对象则是有着血缘关系和假设的祖宗。在最初的自然崇拜中并无神与人分立的概念,神与人是一体的。随着从对神灵到祖宗的宗教信仰的演变,人的个体性才逐渐显现出来。闻一多在他最具代表性的神话学论著《伏羲考》中曾指出"图腾演变"的三个阶段:第一阶段是"人的拟兽化",即人装扮成图腾物形象。如阪泉之战中熊、虎等黄帝部落联合征伐炎帝的记载,其实是指以这些动物图腾作为标志的氏族部落,属于"全兽型"。第二阶段为"兽的拟人化",图腾开始蜕变为人首兽身的始祖,是"半人半兽型"。在伏羲、女娲神话中,他们被认为是兄妹关系,在特殊情况下结为夫妻,使人类不断繁衍,是中华民族最早和最具代表性的始祖。伏羲、女娲为人首蛇身,这是上古时代的图腾遗迹。第三阶段"始祖的模样变作全人型"了。③神不一定是始祖,但始祖一定是神,对祖先的崇拜正是沿着这条发展线路而来的。朱天顺认为:"图腾崇拜是一种在自然崇拜基础上发展起来的将自然崇拜和祖先崇拜结合在一起

---

① 《列子·黄帝》出自《列子》,《列子》一书相传是战国时期列御寇所著。《汉书艺文志》著录《列子》早已散佚。《列子》共8篇,134则,内容多为民间传说、寓言和神话故事。

② 杨伯峻. 列子集释. 北京:中华书局,1979:2-4.

③ 闻一多. 伏羲考. 上海:上海古籍出版社,2006.

的原始宗教。"① 于锦绣认为，原始宗教发展大致可分为三个阶段："第一阶段为图腾崇拜，相当于早中期原始社会，即自晚期和中期母系氏族公社，也就是蒙昧时代，实行天（自然崇拜）、人（祖先崇拜）浑一崇拜；第二阶段为自然崇拜、祖先崇拜分离，形成自然教或祖先教，相当于晚期原始社会，及晚期母系氏族公社、父系氏族公社和农村公社，也就是野蛮时代，举行天人分立崇拜；第三阶段为天神（帝）崇拜和社神崇拜，已进入阶段社会（包含前夕过渡社会），包括稳固性村社部落联盟、奴隶制社会与国家、封建领主制和地主制的国家，也就是文明时代（含黎明期），实行天人合一崇拜。"② 梅新林认为，"当某一动植物图腾与特定氏族发生了一对一的固定关系，而不是一般的动植物崇拜，因而图腾的内涵更为明确，原始宗教意味更为强烈，礼仪禁忌也日趋严厉"③。

由个人的生命现象引申到族群的祖先来源，从而形成祖先崇拜，这是图腾崇拜的一个转折点。图腾崇拜是祖先崇拜的原始起点，从此图腾物被想象成与每个族人都有血缘关系的人格化的图腾神，祖先崇拜开始于人类寻找自身祖先，但又尚未摆脱动物图腾的遗俗的阶段，于是出现了人与动物复合的图腾神形象。中外上古神话中的众神，多以"半人半兽"的形象出现，《山海经》中豹尾虎齿而善啸的西王母，人面蛇身的伏羲、女娲，人面鸟身的毕方，希腊神话中半人半马的喀戎，埃及神话中狮身人面的斯芬克斯，印度教神话中人首蛇身的那迦、象神等，都是由图腾崇拜向祖先崇拜过渡的形式，是人类在宗教和美学方面的一个创造。原始人在长期狩猎和艺术活动中创造了半人半兽的形象，而图腾

---

① 朱天顺 . 原始宗教 . 上海：上海人民出版社，1978.
② 于锦绣 . 玉与灵物崇拜——中国玉文化的原始宗教学研究 . 北京：紫禁城出版社，2002：266-307.
③ 梅新林 . 祖先崇拜起源论 . 民俗研究，1994（4）：71.

崇拜是导致这一形象产生的宗教心理根源。人们在村落前树立图腾柱，在房屋、生活用具上绘制图腾形状，甚至将图腾文在身上，都是为了表现超自然的祖神与族人同在，时刻庇护着族人。进入复杂社会之后，这种崇拜物随之成为维护社会稳定的工具，同时也成为区别于其他社会群体的标志。这时的图腾已转变为宗教性的崇拜神，图腾所描绘的动物逐渐抽象，甚至形成各种组合神兽，越是这样，越是代表了族人们期望神灵能够附身，使得部落不断繁衍和强的愿望。如同中华民族的图腾象征"龙"，其形成时间可追溯至上古伏羲时代。龙在现实中无法找到实体，是一种观念动物的组装，相传黄帝在战败蚩尤统一中原后，兼取并融入了被吞并其他古代氏族部落的图腾，如蛇、鸟、鱼、鹿、马、牛等的标志性图案，拼合成了"龙"，这是一种综合性的神灵形象，蕴含着中华各民族发展与融合团结的过程，成为中华民族集体记忆和心理深层的积淀物。河南濮阳西水坡仰韶文化遗址发现了6000多年前用蚌壳摆的龙，被称为"中华第一龙"。

陈洪波认为，良渚文化存在着原始宗教的两种基本"崇拜形式"——自然崇拜和祖先崇拜，表现在玉器的纹饰中，就是其构图的两个最基本的恒定主题——鸟纹和神人兽面纹。神人兽面纹主要体现了祖先崇拜的因素，而鸟纹则主要体现了自然崇拜的因素。两类因素的有机结合，形成了良渚文化原始宗教信仰主题的完整形式。[①] 图腾上的神人呈倒梯形脸，重圈大眼，宽鼻阔嘴，双眼怒视前方，神态饱满，线条流畅，多以浅浮雕为主，可以推测良渚人崇拜的精神偶像应当是强悍勇猛、身兼巫觋身份的神灵，象征氏族中具有特权、享有至高无上神灵身份的特殊人物。

---

① 陈洪波. 从玉器纹饰看良渚文化宗教信仰中的两类因素. 南方文物，2006（1）：49-55.

这一形象的形成可能与背后的集权、偶像崇拜直接相关。图腾上的神兽有首无身，大眼圆睁，阔嘴獠牙，呈缩爪的蹲踞状。蒋莉认为，"这些图腾纹样已完全超出了部族早期关于图腾的一般概念，不是具体的某一种动物可以做解释的"①。神人与兽面纹饰同在一个造型中出现，应该是一个半人半兽的神灵形象，是良渚人所信仰的图腾神。

图腾纹样成为氏族共同体标志性视觉符号的艺术表现，是经过了从具象到意象再到象征的发展过程，由写实的形象逐渐抽象化、符号化，这正是一个有特殊意义的视觉符号从内容到形式的艺术积淀过程。杨伯达认为，"神人兽面纹是中国古代最早的、最成熟的图徽，即带有绘画性的徽章之意，亦可称为'徽章'或'纹章'，是某一城市或某一姓氏人群的代号，固定下来可以用几百至上千年。复杂的图徽可以简化，但'万变不离其宗'是简化的原则和方法，因此，简化图案均可以从原本图徽中找到形象的源泉"②。

从具象到抽象，从巫术到宗教，从多元的图腾到统一的神灵，这或许正是良渚人造神过程的一种反映。经过漫长岁月的提炼与融合，这些纹样已根深蒂固地植入到良渚人的脑海之中，成为他们的精神信仰。牟永抗认为，良渚人长期生活在这种对神灵敬畏、崇拜和信仰的强烈氛围中，才能产生这样的艺术杰作。③这也从另一个角度说明，良渚文化的半人半兽形象已经是一种较成熟的神灵图案。④

① 蒋莉.先秦玉器纹饰艺术研究.太原：山西大学，2017：128.

② 杨伯达.巫玉之光·续集（上）.北京：紫禁城出版社，2011：178.

③ 牟永抗.良渚玉器上神崇拜的探索//《庆祝苏秉琦考古五十五年论文集》编辑组.庆祝苏秉琦考古五十五年论文集.北京：文物出版社，1989：184-197.

④ 刘斌.试论良渚玉器纹样与玉礼器形态的关系.故宫文物月刊（台北），1997（171）：123.

　　良渚文化中的神人兽面纹，是图腾崇拜转变为图腾神崇拜的一个典型例证。神徽的塑造与巫政合一的社会统治形态有直接关系，刘斌认为，良渚玉琮既是图腾神的产物，又是图腾神的附着体，巫师们正是通过对玉琮的占有和控制，达到了对神权的垄断。① 巫觋通过玉达到与神灵沟通的目的，赋予玉"通神"的祭祀神器功能。伴随着玉器的流行的不断发展与演化，玉器的造型和纹饰也发生了相应改变。在良渚文化发掘出土的玉器中出现了神人兽面纹、鸟纹，以及作为地纹出现的卷云纹，这些带有神性的纹饰是良渚人经过艺术加工后的意念表达，也是超越现实物象的精神呈现，反映了良渚人对自然与祖先的崇拜。

　　良渚玉器的纹饰总体上是一种从自然崇拜向祖先崇拜过渡，从多元信仰到统一神灵转化时期人们精神世界的反映。神人兽面纹这一集合了人、兽和鸟的徽像，既有通天之力，又有猛兽的威慑之力，神人也就是人的神化，能够借助人所不具有的能力，就非一般之人了。当时的统治者需要用一种精神力量来控制和支配民众，必然要用各种方式证明自己就是神的化身，以巩固"巫政合一"的社会统治。因此，严文明指出："从神权政体的角度，这一神人兽面纹饰，很可能就是良渚古国缔造者的神化形象。"②

---

① 刘斌．良渚文化玉琮初探．文物，1990（2）：34.

② 严文明．长江文明的曙光．武汉：湖北教育出版社，2004：9.

## 二、典型玉器纹饰解读

纹饰是一种装饰艺术，同时也是一种观念艺术，必须依附于一定的载体存在。承载于良渚玉器上的纹饰艺术并非孕育于某一孤立的史前文化环境之中，而是源于数千年深厚的传统积淀，是多种史前文化因素承袭与交融的产物，呈现多元一体的艺术特质和发展趋势。

良渚文化玉器数量和种类之多，纹饰雕琢之精美，代表了史前玉文化发展的鼎盛时期。玉器由巫觋"以玉事神"的祭祀神器，发展至以琮、璧、钺为代表的成套玉礼器，成为传递良渚人精神世界的文化符号。对良渚玉器形制和纹饰的解读，是理解良渚人精神世界的关键所在，对于研究良渚文化的生产力发展水平、意识形态和社会发展程度都具有重要意义。

饰有神人、兽面及人兽组合等神秘纹样的玉器，遍布良渚文化的分布范围，贯穿良渚文化发展的始终，反映了存在着一个以良渚古城为核心的同宗、同盟、同礼制的金字塔式氏族部落联盟或邦国集团。反山玉琮王上完整的神人兽面纹神徽的发现，为理解各种简化、抽象化、局部和变体的兽面纹找到了一把钥匙。神人兽面纹的使用有着极其规范的礼仪禁忌，完整的神人兽面纹图案绝不会出现于一般的贵族墓葬，反映了整个社会在精神领域的高度认同，体现了信仰的统一。

## （一）神人兽面纹：良渚神徽

纹饰不仅是古人原始图形艺术观的直觉表达，更是神秘、复杂的文化与观念的整合体。在原始艺术漫长的发展积淀过程中，纹饰融汇了原始人的巫术、礼仪观念、生产生活场景、感知感受特征等内容。目前学术界基本认定良渚文化玉器是一种宗教性质的礼器，玉器上的纹饰表达了良渚人的宗教信仰。因此，被称为"神徽"的神人兽面纹不仅仅是简单的艺术装饰，而是历经了对玉石的物质崇拜，具有特殊语义的象征符号，是一种超越现实物象的精神呈现，富含良渚崇拜的因素。

纹饰母题，指组成纹饰图像的基本元素，这些元素可以单独存在，也可以与其他元素组合或以特定形式再现。在良渚文化各种装饰纹样中，神人兽面纹是非常流行的一种题材，是良渚文化最独特、影响最深远的玉器纹饰（图3.1）。该纹饰由上半部的"神人"和下半部的"兽面"组成，神人纹和兽面纹既可组合，也可单独出现，其拆分和组合、繁缛和简约变化多端，但万变不离其宗。神人兽面纹的分布地域与良渚文化范围吻合，贯穿良渚文化始终，从纹饰的角度看，这几乎是所有良渚文化玉器重要器形上的唯一母题。这一母题不仅在玉器上被大量表现，也见于其他材质的载体，如象牙器、漆器、陶器等。因此，神人兽面纹的个案研究，对认识史前美术发展水平、美学特征和远古观念形态方面具有典型意义。

### 1. 发现与识读

反山和瑶山是目前出土完整神人兽面纹和兽面纹玉器数量最多的墓地，也是良渚玉器纹饰集大成之地。在此之前，无论在草鞋山、张陵山、福泉山还是寺墩，人们看到的玉器纹饰都是较为

图 3.1 反山玉钺王（M1:100）上的神人兽面纹细部
（图片来源：《反山》，文物出版社，2005 年）

简化的，最复杂的也只是带獠牙的兽面纹。根据方向明统计，反山墓地出土玉器中共有 23 幅神人兽面纹和 17 幅兽面纹，而瑶山墓地仅有 3 幅神人兽面纹和 7 幅兽面纹，虽然总数少于反山，但龙首纹大大多于反山，应该与它所出的年代相对较早有关。[1] 完整的神人兽面纹出现在反山 12 号墓出土的玉琮王（M12:98）直槽和玉钺王本体（M12:100）上，纹饰布列对称，在极小的空间内用浅浮雕与阴线刻纹相结合的微雕式表现手法，雕刻出细密的神徽，使人联想到祭祀活动的神秘意义。神人纹和兽面纹既可复合成组，又可分解为二单独出现。神人兽面纹正式公布后，以往

---

① 方向明. 神人兽面的真像. 杭州：杭州出版社，2013: 17–18.

曾借用的青铜器上的所谓"饕餮纹"[①]就基本不再用于描述良渚文化玉器了。

出自反山 12 号墓的玉琮王（M12:98），是迄今发现的体量最大、纹饰也最为繁缛的一件良渚玉器，它的四面直槽内，上下各琢刻一个繁复的神人兽面的组合图案（图 3.2），总共 8 个，这

图 3.2 反山玉琮王（M12:98）直槽上完整的神人兽面纹

(图片来源：《反山》，文物出版社，2005 年)

---

① 饕餮纹，青铜器常见纹饰，为一种图案化的兽面，也称兽面纹。饕餮是传说中的一种贪食的恶兽，是贪欲的象征。《吕氏春秋·先识》云："周鼎著饕餮，有首无身，食人未咽，害其及身。"

是首次发现的最完整的神人兽面纹。整个纹饰高约 3 厘米，宽约 4 厘米，线条细如毫发，肉眼极难辨认，堪称精细的微雕艺术。

神人兽面纹发现之初曾被误认为是饕餮纹，随着研究不断深入，反山考古队在《文物》1988 年第 1 期及时公布了反山发掘简报。一些玉器根据出土状况进行了新定名，如冠状器、柱形器、圆牌、玉钺的冠饰和端饰等。尤为重要的是由于大量刻纹玉器的发现，考古队新命名了玉器纹样母题，如"神人兽面纹"和"龙首纹"。反山玉琮王（M12:98）直槽的纹样被定名为"神人兽面纹"，是完整的神徽（图 3.3），而琮节面以转角为中轴线展开的纹样是简化的神徽。其他重要的认识还有神人和兽面的复合形式与琮节面图案的关系，"羽状冠"与琮节面弦纹之间的关系，琮节面的横凸档是鼻子而不是嘴巴等（图 3.4）。在反山发掘简报中，考古学家第一次对玉琮王（M12:98）直槽上的神人兽面纹进行了文字描述："直槽内雕刻纹饰尚属首见。八个纹饰内容基本相同，但雕刻深度、大小有些微差异。神人的脸面作倒梯形。重圈为眼，两侧有短线象征眼角。宽鼻，以弧线勾画鼻翼。阔嘴，内以横长线再加直短线分割，表示牙齿。头上所戴，外层是高耸宽大的冠，冠上刻十余组单线和双线组合的放射状羽毛，可称为羽冠；内层为帽，刻十余组紧密的卷云纹。脸面和冠帽均是微凸的浅浮雕。上肢形态为耸肩、平臂、弯肘、五指平张叉向腰部。下肢作蹲踞状，脚为三爪的鸟足。四肢均是阴纹线刻，肢体上密布卷云纹、短直线和弧线，关节部位均有小尖角外伸。在神人的胸腹部位以浅浮雕突出威严的兽面纹。重圈为眼，外圈如蛋形，表示眼眶和眼睑，刻满卷云纹和长短弧线。眼眶之间有短桥相连，也刻卷云纹和短直线。宽鼻，鼻翼外张。阔嘴，嘴中间以小三角表示牙齿，两侧外伸两对獠牙，里侧獠牙向上，外侧獠牙向下。鼻、嘴范围内均

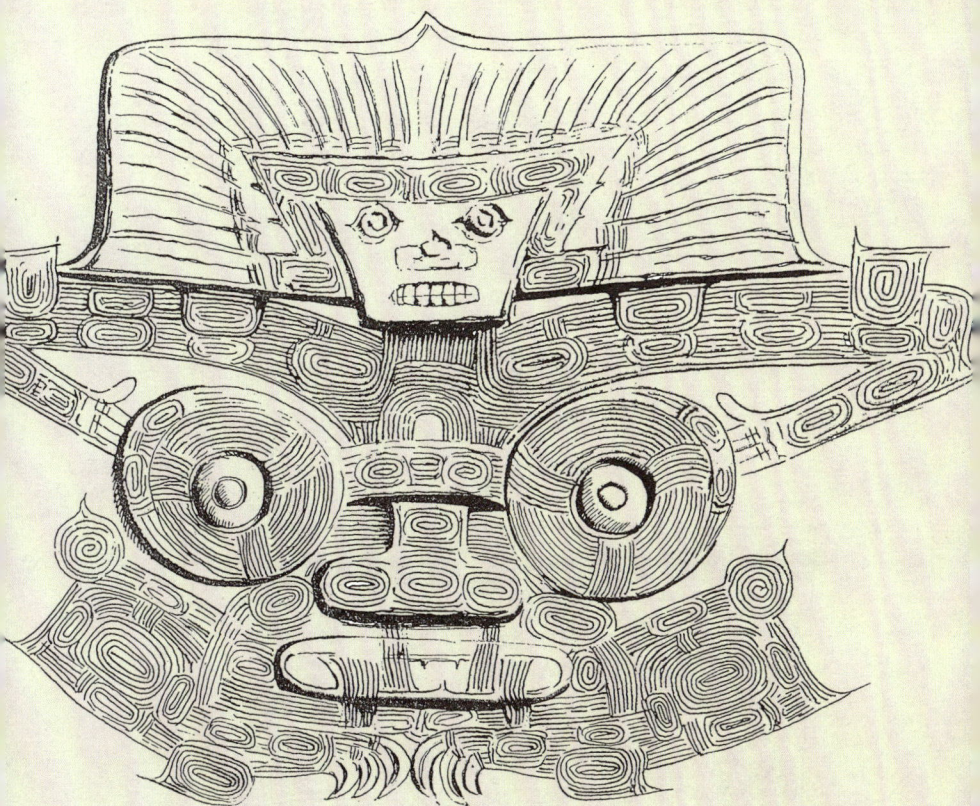

图 3.3 反山玉琮王（M12:98）直槽上神人兽面纹线绘稿

（图片来源:《文物》, 1988 年第 1 期）

直槽

角 C 角 B

直槽 直槽

射面（上）

射孔

中轴的旋转和核心

直槽

D 角 A 角

直槽

上界的上射面

上射口

神人节面

神兽节面 神鸟

神人兽面像
（神徽）

中界

神人节面

神兽节面 神鸟

下射口

直槽

下界的下射面

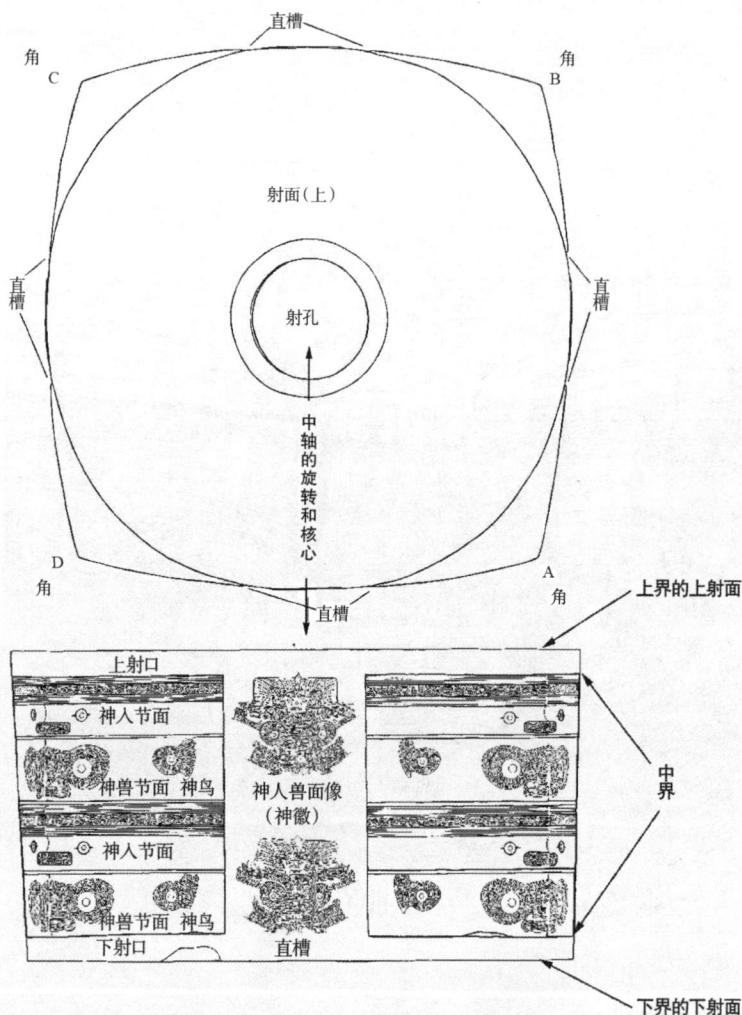

图 3.4 反山玉琮王（M12:98）结构解析

（图片来源：《良渚玉器线绘（增补版）》，浙江古籍出版社，2019 年）

以卷云纹和弧线、直线填满空当。整个纹饰高约3厘米，宽约4厘米，肉眼极难看清所有细部。这神人兽面复合像应是良渚人崇拜的'神徽'。"① 在这段文字中，"蹲踞"的神人姿势是亮点，并提出了神人兽面的复合纹样应是良渚人崇拜的"神徽"。

对这一图案的初识，还是在反山发掘之后冲洗照片时。由于浮雕的羽冠和兽面周围阴刻的神人的手臂以及下肢极为纤细隐约，如同微雕，所以在野外发掘时，考古队员并没有看清它的真实面貌，只当是像云雷纹一样的底纹。参加过反山遗址考古发掘的浙江省文物考古研究所原所长刘斌在一次访谈中提到："野外工作结束后，反山的玉器等文物被运到吴家埠库房作暂时的整理。牟永抗先生爱好摄影，试着用各种光线拍摄玉器上的纹饰，有一天，随队摄影师在观察刚刚冲洗出的照片时，兴奋地发现了刻在浮雕图案周围的手臂纹饰，她惊奇地叫了起来，说：'你们快来看呐，兽面的两边原来是两只手！'我们都赶紧放下手中的活，跑到门口来看照片，很快都看清了，那确实是两只手，大拇指向上跷起，是那样清晰，仿佛正扶住那像面具一样的两只大眼睛。看完照片，大家赶紧再去看玉器，在侧光下我们终于看清了刻在玉琮王竖槽中的神徽的真面目。那天大家的兴奋程度不亚于发现玉器时的情景，考古是一项'前不见古人'的工作，我们常常只是睹物思人，即使面对一堆白骨，也是完全无法想象他们生前的面貌。这半人半神半兽的图案，就像一张隐约的老照片，使我们对五千年前的良渚人，仿佛有了依稀的认识。"②

神人兽面纹资料刊发后，就因其奇特的造型、流畅的线条、

---

① 浙江省文物考古研究所反山考古队.浙江余杭反山良渚墓地发掘简报.文物,1988（1）：10-12.

② 我与良渚的故事丨刘斌：瑶山、汇观山发掘及反山玉器.(2019-07-09)[2022-07-05]. https://zj.zjol.com.cn/news.html?id=1238768.

精致的材质、深邃的意蕴，引起学术界的热烈探讨，成为良渚文化玉器研究中的焦点。牟永抗最先对这一纹饰进行研究，他认为上端浅浮雕的弓形部分是羽冠，羽冠中部的倒梯形为人脸，脸框内有重圈眼、蒜形鼻和露牙嘴。中部的浅浮雕是兽面，由一对椭圆形巨目、工形鼻和獠牙阔嘴构成。羽冠下的细阴线表现了平伸内折的双臂，十指直张，拇指上翘。兽面下的细阴线体现的则是蹲踞状的兽爪。

反山、瑶山发掘结束后的 1988 年，为庆祝苏秉琦从事考古55 周年，牟永抗撰文对这一图像的识读进行了修订：

> 其上端为一略呈弓形的冠，冠下缘的正中有一倒梯形的脸框，脸框内有圆圈的眼，眼的两侧各刻以短线表示眼角，鼻作悬蒜状，两侧刻有鼻翼，口部作扁圆形，内刻平齐的牙齿，显然是一个人的面部。脸框外缘为饰有细密云雷纹的风字形帽，帽顶饰有放射形的羽毛，这种外缘似弓形顶端有一尖吻的巨大羽冠，是极富特色的。羽冠之下为左右延伸平举的两臂，自肘部向里弯折，十指平伸，拇指上翘，指关节的横道及指甲均得到表现，臂上饰以大小不一的云雷纹，在上臂的外缘有两处臂章状的突起，当为纹身或服饰。手指扶按处有一对以椭圆形眼睑为特点的兽目；眼睑内再饰以重圈表示眼球和瞳仁，显出虎虎生气。两眼之间为鼻梁（额）和鼻端，平面略如工字形。鼻端两侧刻有鼻翼，鼻下为巨大的嘴，嘴内露出尖锐的獠牙，内侧两枚向上，外侧两枚向下。腿部于鼻翼两侧左右分开，膝部自转角处向里弯曲，双脚交接于嘴下缘的中部，趾如鸟爪或可认作蛙

的蹼状趾。在膝部及小腿的外缘，也有如上臂同样的装饰。若不曾认出手指，羽冠的外形则颇似宽广的前额，两上臂可认作眉，或将肘部视为颧骨，小腿的部位恰似下巴，趾爪就成为一撮山羊胡子了，整个画面就成为以人的头部外形为基础，再配一张写实的狰狞兽面的图案。我们不能将这种读法当作偶然的巧合，似应认作一种有深刻寓意的精心杰作。①

### 2. 神人兽面纹的文化内涵

神人兽面纹的构成元素是解读图意的关键。多数研究者对于兽面的原型是什么产生了浓厚的兴趣，有人认为是虎、鳄鱼、猪、龙等，也有人认为是鸟和多种猛兽的复合，是一种"观念符号的拼装"，"神力叠加"是其改造的主要动因，即将不同动物身体的各部分予以重新组合，或对身体的一部分进行夸张处理，来象征具有这些动物的强大力量。后一种观点逐渐占据了主流。对于上面的神人形象，多数人认为是兽面图腾的神灵，也是特权人物自己，享有神的至高无上的特权。

神人兽面纹的造型十分复杂，按人和兽的面部特征可划分为完整双面纹、简化双面纹和单面纹三种类型，面纹本身又有简繁之别，与此同时，其在完整的图像系统中是一个神像的有机组成部分。（图3.5）因此，对图像的解读，既要对两组面纹单独进行考察，同时又要从整体的角度予以把握。神人兽面纹作为良渚人精神世界核心内容的物质载体，研究者诸多争议和分歧亦不外乎于此。对于神人兽面的关系，学术界根据图像繁简所做的解读也

---

① 牟永抗. 良渚玉器上神崇拜的探索 //《庆祝苏秉琦考古五十五年论文集》编辑组. 庆祝苏秉琦考古五十五年论文集. 北京: 文物出版社, 1989: 187.

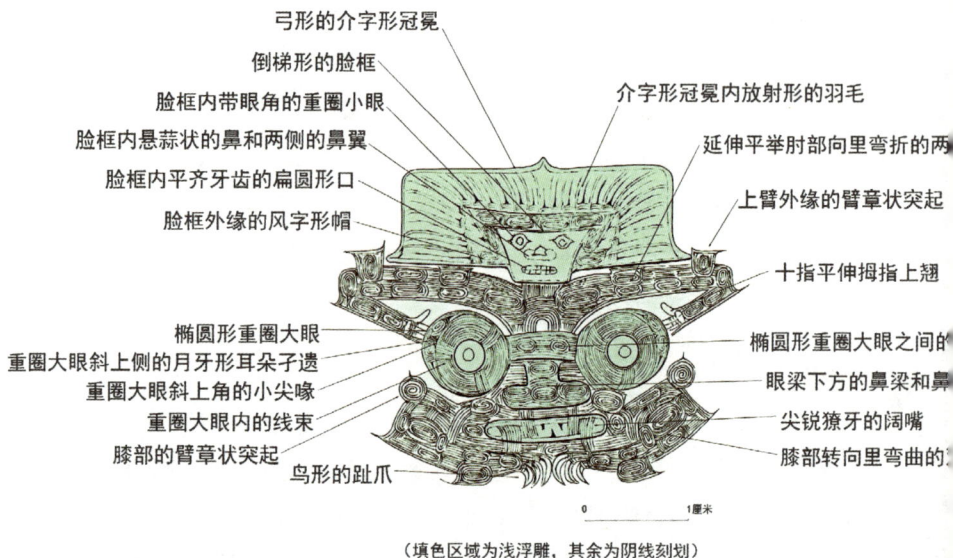

弓形的介字形冠冕
倒梯形的脸框
脸框内带眼角的重圈小眼
脸框内悬蒜状的鼻和两侧的鼻翼
脸框内平齐牙齿的扁圆形口
脸框外缘的风字形帽

介字形冠冕内放射形的羽毛
延伸平举肘部向里弯折的两
上臂外缘的臂章状突起
十指平伸拇指上翘

椭圆形重圈大眼
重圈大眼斜上侧的月牙形耳朵子遗
重圈大眼斜上角的小尖喙
重圈大眼内的线束
膝部的臂章状突起
鸟形的趾爪

椭圆形重圈大眼之间的
眼梁下方的鼻梁和鼻
尖锐獠牙的阔嘴
膝部转向里弯曲的

0　　　　　1厘米

（填色区域为浅浮雕，其余为阴线刻划）

图 3.5 反山玉琮王（M12:98）神人兽面纹的图像解读
（图片来源：《良渚玉器线绘（增补版）》，浙江古籍出版社，2019 年）

不完全一样，归纳起来大致有以下几种观点。

（1）神人御兽说。以张光直先生提出的"巫蹻说"为代表，他在论述中国古代美术人兽母题时指出，神人兽面纹分为上下两部分，表现的是神人骑在神兽上的情景。头戴羽冠的神人就是巫师的形象，具有灵性的兽则是协助巫师沟通天地的伙伴。他根据《周髀算经》有关记载和对甲骨文"巫"字来源的考证，认为"巫是使矩的专家，能画圆方，掌握天地"，"巫师通天地的工作，是受到动物的帮助，所以作为贯通天地的法器上面刻有动物的形象必不是偶然的"，并结合濮阳西水坡遗址发现的资料，提出中国古代美术中的人兽关系就是"巫觋关系"，良渚神徽表现的亦是如此。[1] 杨伯达认定此形象是"觋戴魌头骑道具卧兽的正面像，由头戴魌头的觋与道具兽组合而成的复合性图徽，故觋之下半身、双足及道具兽的后半身均因正面透视关系被掩盖而不得见，其形象并非神人和兽面。并将神人兽面纹切割成魌头、文身、兽面、兽身四部分"[2]。

（2）人兽合一说。神人兽面复合像的观点最早在《浙江余杭反山良渚文化墓地发掘简报》中提出。牟永抗将这个图形视为人形和兽面复合的图像，将它解释为"一位头戴羽冠的英俊战神，其胸腹部位隐藏在兽面盾之后，作冲击前跳跃动作"。进一步的抽象表述是："既可认作在兽面的表象里包含着人形的精灵，也可认作兽的精灵已具有人的形状。"牟永抗认为它是人形化的太阳神，以往识作羽毛的线条应该是太阳的光芒，其下半幅画面是驮着太阳神的瑞兽及其前肢。[3] 冯其庸认为，神人和兽面其实是一体的，这个凶猛而狰狞的兽面，是良渚人崇拜的图腾，对内起保护作用，对外起威慑作用。上面的神人，既是这个图腾具有特定内涵的神灵，也是这个氏族的特权人物自己。作为神，就是图腾的神灵；作为人，就是氏族的特权人物。他享有至高无上的特权。在神权型酋邦中，首领就是神。神人兽面纹是首领的形象，但不是一个具象，而是戴面具、羽冠的抽象形象，兽面是其力量的体现。[4] 邓淑苹认为："神人的下肢部分，应该是所谓'兽面'的前肢。全纹除表现神、人，兽三种概念外，还有鸟爪和羽冠所代表

① 张光直.濮阳三蹻与中国古代美术上的人兽母题.文物，1988（11）：36-39.
② 杨伯达.简谈美术解剖对古玉形纹鉴定的重要意义——以反山12号墓玉琮王为例（下）.东方收藏，2011（2）：97.
③ 牟永抗.东方史前时期太阳崇拜的考古学观察.故宫学术季刊（台北），1995,12（4）：12.
④ 冯其庸.一个持续五千年的文化现象——良渚玉器上神人兽面图形的内涵及其衍变.中国文化，1991（2）：105-110.

的'鸟'。由于'兽'字是胎生有四足、全身有毛的脊椎动物的总称，不能包括鸟与爬虫类，而后二者可能演绎形成了中国古代最常见的神灵动物：龙与凤。"因此，她主张放弃多年来为中国学者所使用的"兽面纹"一词，而改称含义较广的"动物面纹"。至于原名称的"人"，她认为应指死去的祖先，而非活着的先民。所以，该纹饰应正名为"神祖动物面复合像"，是神祇、祖先、神灵动物三位一体，可以互相转化的。[1]

（3）兽面为主说。有学者认为上面的人形仅是兽面的附属部分，也就是戴有人形冠饰的兽面。黄厚明认为其是一种人格化的鸟神和日神结合而成的鸟祖形象。[2] 董楚平认为，神像于不显眼之处露出鸟爪，已暗示羽冠是象征"鸟首"。由此说明他本是鸟神，是吴越地区传统图腾的遗存。[3] 王立新主张神像是人格化的鸟与兽面的复合体。持这一观点的学者大多认同这个兽面的形象，由多种动物组合而成，是多种动物特征融合和抽象后的集合体。而神人和兽面的各种组合方式，则反映了随着兽面神的形象逐步人形化的过程。

（4）整体神徽说。刘斌认为该图案所表现的应该是一个整体的神的形象，而不应该有人兽之分。他认为，从雕刻层次上看，神人的羽冠与兽面都为浮雕，而身体部分却用阴刻；从尺寸上看，羽冠与兽面比例相配，在设计上成一整体，因此很难有神人和兽面的区分；从其发展演变看，晚期均为简化形象，更无人兽之分。因此，该图案所表现的应该是一个整体的神的形象，而不应该有人兽之分，其完整图案的浮雕部分，只是将神的面部特化的一种

① 邓淑苹. 良渚神徽与玉耘田器. 故宫文物月刊, 1997（174）.
② 黄厚明. 中国东南沿海地区史前文化中的鸟形象研究. 南京：南京艺术学院, 2004: 165.
③ 董楚平. 伏羲：良渚文化的祖宗神. 杭州师范大学学报（社会科学版）, 1999（4）: 23.

表现方式。总之，无论怎样解释，该图案作为良渚人的崇拜神这一点，已成为大家的共识。至于这一神徽形象设计的来源，他认为这一定包含了良渚人的一个创世纪的神话传说。就像史书中关于伏羲女娲造人的传说，又或许像"天命玄鸟，降而生商"的传说。这个神话传说应该包含了一个良渚人的英雄祖先开天辟地的故事。[①]

（5）多重意义说。李学勤认为，无论以哪种方式去理解纹饰所显示的图像，相互之间都并不矛盾。如将整个图像看作整体，也就是一个有两个面孔的人形，上方是戴有羽冠的首部，其下为左右分张的双手，躯体有目有口，下方是踞坐的两足。在商代器物上，也出现过有首、腹两个面孔的图像，如殷墟侯家庄西北冈101号大墓出土的骨制筒形器。这种图像所要表现的，正是人形与兽形的结合统一，如牟永抗先生所说是"人兽合一"。把图像看成神人的全身，或人、兽两个面孔，或戴有人面形冠饰的兽面，可能都是原设计者的目的。[②]

尽管对神和兽的解读有多种观点，如认为上部的神人是巫、祖先神、火神、雷神、太阳神，下部的兽面为虎、龙、猪、鸟等，本质上都是神为半人半兽之物的抽象概括，所以用局部来代表整体，或者仅用兽的简化图案来代表神，甚至仅用人的简化图案来代表神。这就是其他墓葬里所琢刻的纹饰都是由完整的神人兽面纹作不同程度简省而成的原因。

神人兽面纹所表现的"神徽"是良渚文化玉器的灵魂，其解读与玉器载体的器型、功能也是密不可分的，甚至是相互激发、相互强化的关系，从物质载体的文化信息入手是阐释"神徽"象

① 刘斌.法器与王权：良渚文化玉器.杭州：浙江大学出版社，2019：63-64.
② 李学勤.良渚文化玉器与饕餮纹的演变.东南文化，1991（5）：43-44.

征意义的有效途径。

### 3. 神人兽面纹的艺术特征

（1）神人兽面组合纹

神人兽面纹集中出现在良渚文化的中心遗址，是良渚文化玉器的纹饰母题，被视为玉器的灵魂所在。最完整的神人兽面图像，目前仅发现于反山 12 号墓出土的琮王、钺王、豪华权杖瑁饰与柱形器 4 件玉器（图 3.6）上，以"琮王"直槽上的神人兽面纹为完整图式标准。神人兽面纹由上半部的神人和下半部的兽面组成，神人纹和兽面纹既可复合成组，又可分解为二单独出现。另一类称为龙首纹的纹饰母题，出现于良渚中期偏早阶段，到了良渚文化中期以后已基本绝迹，且使用该母题的玉器数量不多，仅占刻纹玉器的 12.5%。

琮王（反山 M12:98，线绘和实物见图 3.6 左起第一列）上完整的神人兽面图像，纹饰布列对称，线条细密流畅，浅浮雕与阴线刻纹相结合的琢刻工艺使纹饰在视觉上呈现出三个层面：浅浮雕凸起的神人与兽面构成了最高层面，这是神像的主要部分；其上以阴线勾勒出的神人羽冠和倒梯形脸面，以及兽的眼、鼻、嘴，构成了图像的第二层面；而在直槽面上用阴线密刻的神人四肢和兽面蹲踞的肢爪，则构成图像的第三层面。在第二、三层面上，兽面圆形重圈眼的外圈边、底都较整齐平滑，为管钻碾成，其余阴线均为"刻刀"多次"推蹭"形成。如此方寸之地，线条纤细如毫，纹饰繁缛密集，极具震慑人心的视觉效果，尽现良渚人对神灵的敬畏与虔诚。

瑶山出土玉器上的纹饰同样以神人兽面纹为主，其中既有相对完整的形态，也有简化的形态，但没有出现像反山 12 号墓那样的完整图式（图 3.7）。瑶山玉牌饰（M10:20）整器呈倒圆

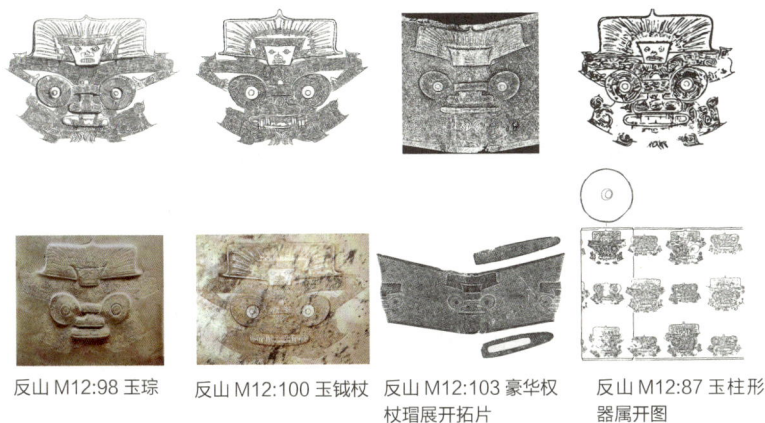

反山 M12:98 玉琮　　　反山 M12:100 玉钺杖　　　反山 M12:103 豪华权　　　反山 M12:87 玉柱形
　　　　　　　　　　　　　　　　　　　　　　　　　杖瑁展开拓片　　　　　器属开图

图 3.6 反山 12 号墓出土玉器上完整的神人兽面纹

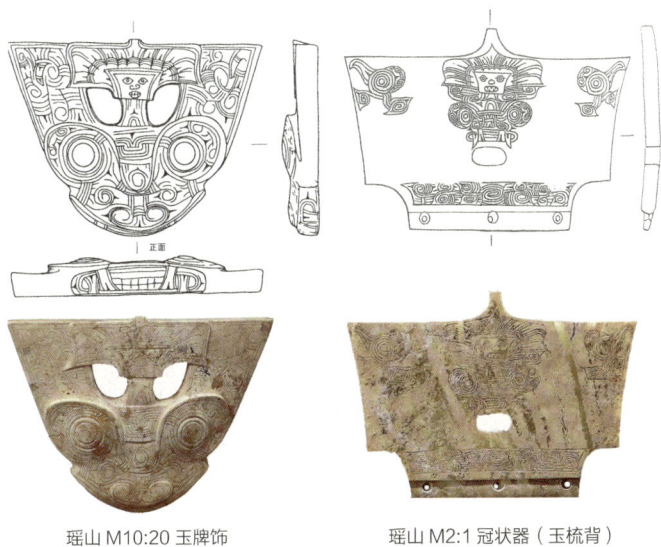

瑶山 M10:20 玉牌饰　　　　　瑶山 M2:1 冠状器（玉梳背）

图 3.7 瑶山神人兽面纹玉器
（图片来源：《良渚玉器线绘（增补版）》，浙江古籍出版社，2019 年）

角三角形，正面以浅浮雕和阴线琢刻出有立体效果的神人兽面纹。上部为介字形羽冠和倒梯形脸面的浅浮雕，其中间阴线刻神人头像，底部阴刻变体神鸟纹。神人脸面与反山 12 号墓"琮王"上所刻的相同，不同的是瑶山玉器纹饰的头颈两侧有镂孔，以此勾勒出神人细长的脖颈。下部为浅浮雕兽面，阔嘴獠牙琢刻在器底下缘。该器背面平直，有斜向钻成的 4 对小隧孔，可缀缝在物体之上。冠状器（M2:1，又称玉梳背）的正面是一副简约的神人兽面像，《瑶山》考古报告对此也进行了详细描述："体扁平微凹，平面略呈倒梯形。上端中间尖突，下端突榫上均等对钻 3 个小圆孔。背面弧凸，光素无纹；正面内凹，其上阴刻神兽纹。图纹的上半部是头戴羽状冠的神人，脸庞呈倒梯形，眼、鼻、口俱全，并刻出双臂。图纹下半部是兽面，椭圆形眼眶，以重圈为眼，并刻三角形的眼角。蒜头鼻，鼻下侧用卷云纹表示鼻孔。长扁形嘴，嘴部有 4 枚粗壮的獠牙，其中内侧 2 枚朝上，外侧 2 枚向下。器的底边饰卷云纹带，上端两角各有一引颈回首的鸟纹。兽面下有一个椭圆形镂孔。高 5.8 厘米，宽 7.7 厘米，厚 0.35 厘米。"[1] 更多瑶山玉器上的神人兽面纹是由完整版本简化而来，神人部分将脸面和羽冠省略，只留下羽状纹来表现神人羽冠，更简化的则是以横向的弦纹来表现神人。

神人兽面纹中神人纹和兽面纹既可作为组合纹饰出现，也可作为独立纹饰单独出现，其拆分和组合、繁复和简约的变化均在良渚文化中、晚期墓葬出土的各类玉器纹饰上有所体现（表 3.1）。

---

① 浙江省文物考古研究所 . 瑶山 . 北京：文物出版社，2003: 33–35.

表 3.1 良渚文化中、晚期墓葬出土玉器纹饰数量统计表

| 墓地 | 反山 | | | | | 瑶山 | | | | | 福泉山 | | | | |
|---|---|---|---|---|---|---|---|---|---|---|---|---|---|---|---|
| | 独立纹饰 | | 组合纹饰 | | | 独立纹饰 | | 组合纹饰 | | | 独立纹饰 | | 组合纹饰 | | |
| 玉器纹饰<br>出土玉器 | 人 | 兽 | 鸟兽 | 人兽 | 人兽鸟 | 人 | 兽 | 鸟兽 | 人兽 | 人兽鸟 | 人 | 兽 | 鸟兽 | 人兽 | 人兽鸟 |
| 琮 | 11 | | | 8 | 3 | 7 | 4 | 1 | 8 | 1 | 3 | | | 1 | |
| 琮式管 | 39 | | | 1 | | 18 | | | 2 | | | 1 | | | |
| 琮式柱形器 | 6 | 1 | | 1 | | 2 | | | | | | | | | |
| 琮形镯 | | | | | | | | | | | | | 1 | 1 | 1 |
| 冠状器 | | 1 | 1 | 2 | | | | | 1 | | | | | | |
| 钺 | | | | 1 | | | | | | | | | | | |
| 璜 | | 1 | 1 | 2 | | | | | 1 | | | | | | |
| 权杖 | | 1 | | 1 | | | | | | | | | | | |
| 锥型器 | 6 | | | 3 | | | | | 15 | | 3 | | | 3 | |
| 半圆形饰 | | 4 | | | | | | | | | | | | | |

　　神人兽面组合纹中较有特色的是神人侧面像成对出现的图式（图 3.8），如反山冠状器（M16:4）、瑶山三叉形器（M7:26）。这类组合纹中部主体位置是兽面，两端是侧视的神人像，左右对称，若将这两处侧面的神人拼接在一起，即可合成一个完整的神人，呈现两个侧面合为一个正面的神人和兽面的组合。《瑶山》考古报告描述："瑶山三叉形器（M7:26），白玉，有黄色瑕斑。左右两叉平齐，上端略向外突；中叉较低，有竖向直孔一个。一面刻纹，一面光素。左右叉各刻侧面相向的神人头像，神人头戴羽冠，方形脸庞，单圈眼，嘴内用阴线刻出上下两排整齐的牙齿。

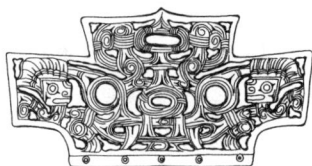

反山 M16:4 冠状器　　　　　　瑶山 M7:26 三叉形器

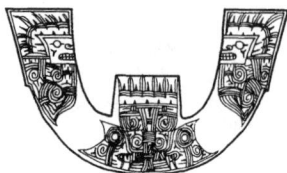

图 3.8 神人侧面像成对出现的神人兽面纹
（图片来源：《良渚玉器线绘（增补版）》，浙江古籍出版社，2019 年）

中叉上端饰五组直向羽状纹，表示羽冠，以此象征正面的神人像；下端阴线刻兽面纹，有象征性的圆眼、狮鼻和獠牙，是神人和兽面的另一种组合图形。器高 4.8 厘米，宽 8.5 厘米，厚 0.8 厘米。此器出土时，三叉端向南，中叉紧连一长玉管。其余各墓三叉形器出土时也有类似情况。"[①]

　　大约在良渚文化早期晚段，由龙首纹变异而来的卵目獠牙的兽面纹，开始出现在张陵山玉琮与瑶山的一些玉器上，初步形成了良渚文化玉器的纹饰风格（图 3.9）。发展到中期早段，兽面纹演化为神人和兽面结合在一起的完整的神人兽面图像。在良渚中期早段之后，神人兽面纹就根据载体的不同，产生了不同程度的省减。一种载体为琮、琮式管、锥形器等方柱体型玉器，神人兽面纹首先简化为神人面居上、兽面居下的分节格局，然后进一步简化和省略。另一种载体为璜、三叉形器、冠状器等扁平体造型的玉器，神人兽面图像的简化和省略恰好跟前者相反，最终突显兽面而隐藏神人形象。

---

[①]　浙江省文物考古研究所 . 瑶山 . 北京：文物出版社，2003：33—35.

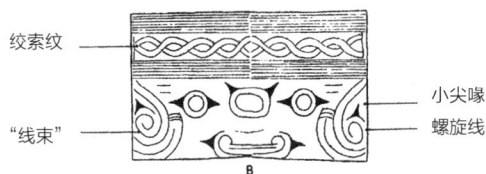

绞索纹

小尖喙
螺旋线

"线束"

B

A

瑶山 M10:16 琮

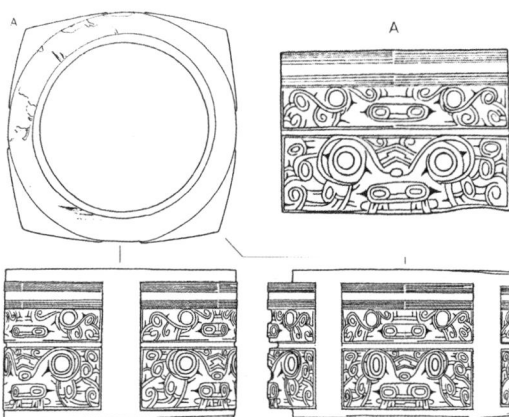

瑶山 M10:19 琮

图 3.9 瑶山 10 号墓出土玉琮上的神人兽面纹
（图片来源：《良渚玉器线绘（增补版）》，浙江古籍出版社，2019 年）

良渚文化时期是玉琮最发达的时代，此时琮的外形有内圆外方和内外皆圆两种，前者为主。内圆外方的玉琮，利用转角两侧的空间装饰一组兽面纹，每侧为半个兽面，两个转角构成一个完整的兽面，采用了四等分法。良渚文化玉琮形制的总体发展趋势是由矮到高，从单节到多节，伴随琮体的复杂化发展趋势，纹饰的发展恰恰相反，越来越趋于简化，到良渚文化晚期大多已简化为两个表示眼睛的圆圈和表示嘴巴的凸横档，有的连表示眼睛的圆圈都已略去。羽冠则多已不复存在，或仅以长横棱代替。这种变化似乎表明，琮体的功能和纹饰的功能逐步分离。

良渚文化玉器上的神人兽面纹，或以神人与兽面组合出现，或以神人及兽面单独为饰，并依据造型特征作不同设计。神人以羽冠和小圆眼为标志，兽面以向上倾斜的椭圆形大眼为代表。神人兽面纹可以作平面雕刻，也能雕琢在方柱体的折角面上，后者利用垂直相接的器面营造立体感，以浮雕与阴刻结合突显纹饰形象，风格繁复。纹饰的发展演化经历了从具象到抽象、繁复到简化的美学进步过程，简化后只留下了神的一双眼睛。由此看来，对于良渚人来说，神的眼睛应当是最受他们关注的。

（2）神人纹

在神人兽面纹图像系统中，神人形象部分由羽冠、脸面、上肢和前胸四部分组成，其中羽冠和脸面以浅浮雕工艺表现。神人脸框呈倒梯形，重圈圆眼，两侧还有小三角形表示眼角，宽鼻头，阔口微张，露齿，表情十分怪异。神人头上戴一顶宽大的风字形羽冠，外层共有约20组放射状的羽翎，高高地伸向四周。神人耸肩，平臂弯肘，五指平张于兽面大眼的斜上侧，神态威武勇猛，双目怒视前方。

神人的脸部描绘相对写实，良渚人运用夸张的表现手法刻画出神人阔嘴、宽鼻和大眼的特征，以显示他并非普通人。为凸显人物形象的"神"性，神人头戴夸张的风字形羽冠，上插羽毛，编结精细，冠上羽毛呈放射状排列，视觉上充满张力和动态感，颇具浪漫主义特色。这个造型特征应来自于东南沿海地区鸟崇拜传统，表现出神人拥有像鸟那样通天的超凡能力，在神人兽面纹两侧相伴而出的鸟纹，也进一步说明神人与"天"之间的关联。学术界普遍认为神人形象来源于当时的部落首领或巫师，他们被"神化"而拥有至高无上的权势。有学者认为神人面部的眼、鼻、口、齿的刻画较程式化，应该表现的是一幅面具，并将神人纹解释为巫师带着倒梯形的面具扮成神，就像神秘而古老的原始祭礼——傩。

人像的最大特征是头戴宽大的风字形羽冠，因此有学者认为良渚人很有可能就是古代神话传说中的"羽人"。据《山海经·大荒南经》记载："有羽人之国，其人皆生羽。"《山海经·海外南经》又记载："海外有西南陬至东南陬者……羽民国在东南，其人为长头、身生羽。一曰在比翼鸟东南，其为人长颊。"另外，在《吕氏春秋·求人篇》《淮南子·原道训》等著作也有类似的记载。

神人羽冠的大小和轮廓十分特殊，如同一个弓形的盖占据了相当大的面积，是神人形象的主体，邓淑苹提出了"介字形冠"的说法。从玉雕工艺上看，介字形冠的神人和兽面在减地浅浮雕的层次上一致，都是纹饰所凸显的部分，阴线刻线条流畅；从艺术表现上看，宽大的"介字形冠"轮廓是一个极具特征的符号，采用夸张的手法成为神性的象征。杜金鹏提出，羽毛为饰的冠冕在中国古代是身份和地位的标志，与古文"皇"字上半部有比较明显的源流关系，绝非普通人所能佩戴，可以说是中国最初的皇

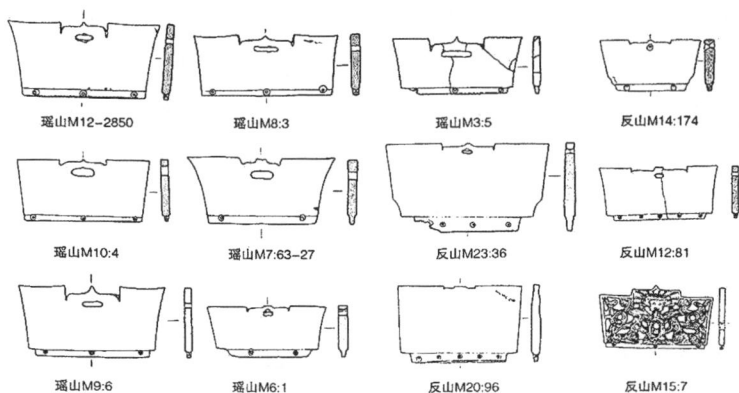

图 3.10 反山、瑶山出土的部分介字形冠状器

反山 M15:7 冠状器上单独的神人纹

瑶山 M11:86 冠状器上单独的兽面纹

图 3.11 冠状器上单独神人纹和单独的兽面纹

（图片来源：《良渚玉器线绘（增补版）》，浙江古籍出版社，2019 年）

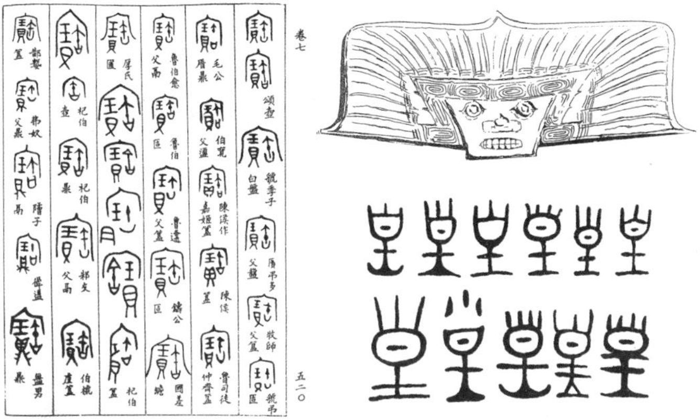

图 3.12 金文中的"寶"字和"皇"字

冠。[1] 牟永杭认为："人形神的出现，是原始宗教长期发展的结果，应是与祖先意识的产生及部族首领地位日趋显耀相关的。"[2]

反山、瑶山出土的冠状器（玉梳背）中，以顶部为介字形冠，或整体就如同介字形冠冕最为典型，数量也最多（图 3.10，图 3.11）。正如邓淑苹所言，梳齿只是附件，是为了让宗教人物头上可以安稳地顶着介字形冠状器而存在的。方向明认为，这类符号在云南纳西族古文字中是"天"的意思，在甲骨文和金文中，与"宝盖头"也甚为接近（图 3.12）。因此，把神人形象的介字形冠认读为"天"无疑很恰当，也就是说，复合图像的兽面纹上方有"具象"表示"天"的神人形象，从而使得神人兽面纹具有"天"的含义，而单独兽面纹的眼梁上方因为有介字形冠的尖突，或者有放射状的羽线，它也同样表示了有"天"含义的神兽形象。[3] 牟永

---

① 杜金鹏.说皇.文物，1994（7）：55-62.
② 牟永杭.良渚玉器上神崇拜的探索 //《庆祝苏秉琦考古五十五年论文集》编辑组.庆祝苏秉琦考古五十五年论文集.北京：文物出版社.1989: 184-197.
③ 方向明.神人兽面的真像.杭州：杭州出版社，2014: 93-96.

抗对介字形冠所寓意的太阳神崇拜进行了深度探索，他认为神人的羽冠可分解为横向弓形盖状、介字形盖状、三尖峰火焰状三种抽象符号，中部都有一个凸起的尖峰，象征着某种力量或能力正在涌动或行将萌出、迸发的动态形象。它们应是光或光芒的图像表现，可能是太阳崇拜中代表天体的抽象符号。[1] 佩戴象征"天"的介字形冠的神人形象，牟永抗称之为"人形化的太阳神"。

（3）兽面纹

兽面形象呈现出许多共同特点：重圈大眼，占据兽面三分之一以上的面积，整体形状呈微微上挑的椭圆形，两眼之间有桥形或介字形的连接，这可能是象征着突出的额头；阔鼻，通常刻满卷云纹和长短弧线；宽嘴，外伸两对上下相扣的獠牙；下肢做蹲踞状，鸟形爪，均是阴线刻画，肢体上密布卷云纹、短直线和弧线，关节部位装饰带小尖角突起的圆形徽章。兽面的重圈大眼由瞳孔、眼球和眼睑组成，刻画细致，内圈瞳孔呈圆形，眼球部分由多道细密的同心圆组成重圈，并以三道等分的线束捆扎，用来表现眼球的肌理和光泽，外圈为椭圆形（卵形），大眼的斜上部位为月牙形眼睑，也有学者认为这种眼睑是耳朵的孑遗。

兽面纹构图都是以鼻梁为中心，对称构图，突出正面，尤其是双眼。"眼睛就是一切"，是释读神兽含义的钥匙。直至今天看来，兽面纹依旧是令人充满无限想象、拥有原始力量的存在，这些奇特的纹饰是古人对所崇拜的凶猛动物或怪兽的幻想化，在描绘想象动物基本特征的基础上，对其结构、比例、局部进行夸张，以一种反常规、反正常的比例关系来表现一种神秘的威力和狞厉的美，从而加深纹饰的情感诉求，恰到好处地体现不能用语

---

[1]　牟永抗. 东方史前时期太阳崇拜的考古学观察. 故宫学术季刊（台北），1995，12（4）：12.

言来表达的原始宗教的情感、观念和理性。

兽面纹采用正面图式表现，只有动物头部形象和蹲踞的肢爪，并不表现兽身，但观者仍能感受到迎面扑来的威慑效果，这或许可以作为原始人对动物正面透视关系的认识。刘敦愿认为，兽面纹"不是'有首无身'，而是在'以首代身'"[①]。从视觉心理学上来讲，当猛兽正面飞奔扑来时，直视兽眼才能带来巨大的恐惧感和威慑力，兽口外露獠牙，又是对生命构成威胁的表现，兽面纹抓住动物面部最显著的特征，采用了局部代替整体的表现手法，逐渐向符号化发展。对兽面纹进行解读既要观察它的载体与所在位置，又要观察其周围的组合元素，这些元素都有可能影响兽面纹的文化内涵和艺术表现。一些研究者推测，神兽的原型可能是虎、蛙、鳄鱼、猪、龙等，但多数学者认为神兽的造型是某种或多种动物形象的抽象，糅合了观念意识，是一种"观念动物"。

单独的兽面纹根据眼梁上部形状可大致分为三种形式（图3.13）。

1）有弧拱形眼梁的兽面纹

反山冠状器（M17:8）上的兽面纹，眼梁为弧拱形，无尖突或其他添刻的纹样。因龙首纹的额部也多为弧拱形，这种兽面纹可能为较早时期由龙首纹变异而来的兽面原型。

2）有成组羽状放射线的兽面纹

成组羽状放射线这一特征纹饰与神人介字形冠帽内填刻的细部装饰基本一致，中间刻画细长的尖喙线条，下端为线束状肌理，用以表现鸟类羽毛根部。这一象征羽冠的直向羽纹赋予兽

---

① 刘敦愿.美术考古与古代文明.北京：人民美术出版社，2007: 96.

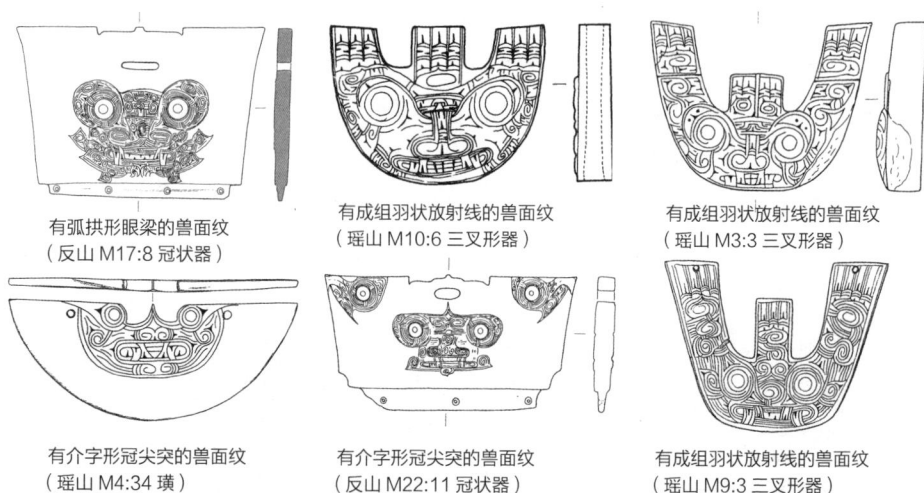

有弧拱形眼梁的兽面纹
（反山 M17:8 冠状器）

有成组羽状放射线的兽面纹
（瑶山 M10:6 三叉形器）

有成组羽状放射线的兽面纹
（瑶山 M3:3 三叉形器）

有介字形冠尖突的兽面纹
（瑶山 M4:34 璜）

有介字形冠尖突的兽面纹
（反山 M22:11 冠状器）

有成组羽状放射线的兽面纹
（瑶山 M9:3 三叉形器）

图 3.13 兽面纹的三种形式

面某种与神鸟的联系，表现为具有"天"的含义的神兽形象，并出现在璜、琮、三叉形器等器物上，如瑶山三叉形器（M10:6、M9:3 和 M3:3）。三叉形器（M3:3）的兽面纹样详见图 3.14。

3）有介字形冠尖突的兽面纹

在单独的兽面纹中，以有介字形冠尖突居多，一般出现在兽面眼梁上方纹饰上，它也同样表示了具有"天"的含义的神兽形象。如反山冠状器（M22:11）、瑶山冠状器（M11:86，图 3.11 右图）、瑶山玉璜（M4:34）上都有各种介字形冠尖突的表现形式。

兽面纹是中国美术史上延续时间最长、变化最为丰富的形象和装饰图案之一，已逐渐成为一个独特性的文化象征符号，反映了当时社会的思想观念、民众信仰、社会习俗。兽面图像的信仰最早可追溯至原始人对自然界的崇拜，包括对动物的图腾崇拜。

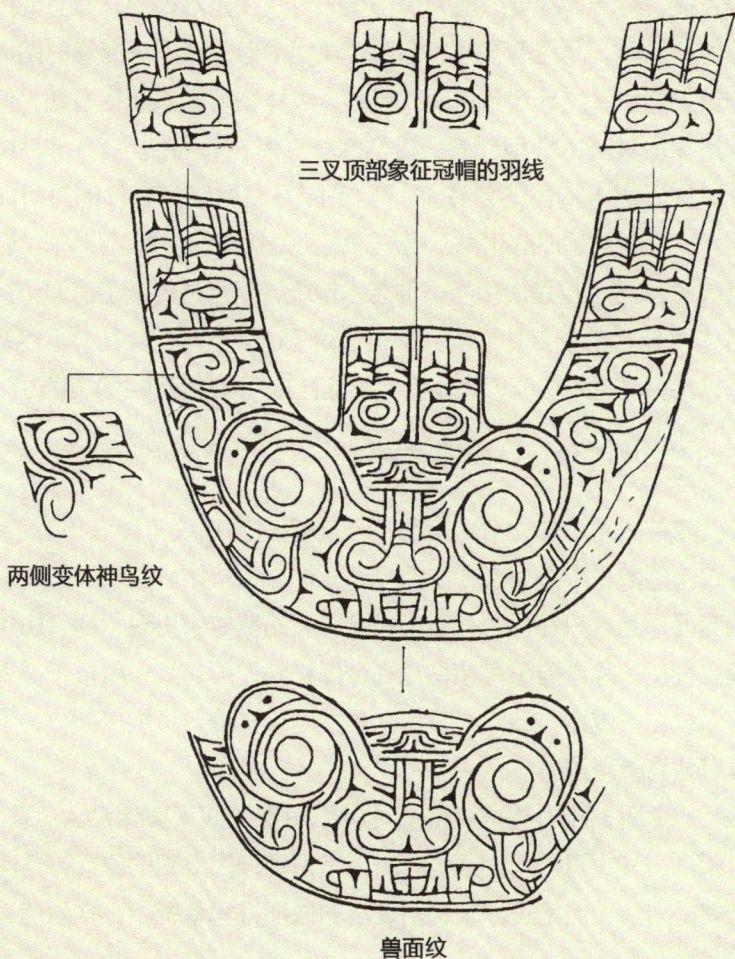

三叉顶部象征冠帽的羽线

两侧变体神鸟纹

兽面纹

图 3.14 瑶山三叉形器（M3:3）分解

（图片来源：《良渚玉器线绘（增补版）》，浙江古籍出版社，2019 年）

原始人怀着敬畏和崇拜之心，希望获得猛兽的力量，在生存与繁衍过程中变得更为强大，这种幻想出来的超自然的动物形象具有符号性，将各种猛兽的能力集中于一身，在艺术表现方面呈现出狞厉、恐惧、混沌的神态，超越了现实中兽的原型。商周时期青铜器上的饕餮纹延续了兽面纹风格，纹样细节虽然变化多端，但依然保留其基本造型元素。哲学家李泽厚在《美的历程》一书中曾这样介绍青铜器的饕餮纹："它实际是原始祭祀礼仪的符号印记，一方面是恐怖的化身，另一方面又是保护的神祇。"[1] 李学勤也认为："这不仅是沿用了一种艺术传统，而且是传承了信仰和神话。"[2] 汉代的铺首功能与含义也延续了这种信仰，其具有驱逐恶鬼、保护墓主的功能，也兼有"协同上下，沟通天地之作用"。[3]

### （二）神鸟纹：人神沟通使者

除神人兽面纹之外，常见的纹饰还有神鸟纹（图3.15）。这种纹饰的数量不是很多，主要见于玉琮、冠状饰、玉璜、三叉形器等器形上，只在反山、瑶山极高等级的墓地中出现，福泉山也偶有发现。除圆雕玉鸟和鸟立高台图符外，神鸟纹一般位于神人兽面纹左右或下方的陪衬位置，是主题纹样的有机组成部分，不具有独立崇拜的意义。

杜金鹏指出，构成良渚文化神祇图像的四大要素是人、兽、日和鸟，其中日与鸟相通。[4] 古人常把鸟作为太阳的象征，这可能就是为什么良渚玉器纹饰所表现的象征符号系统中，实际普遍

---

① 李泽厚. 美的历程. 北京：生活·读书·新知三联书店，2009: 33.
② 李学勤. 良渚文化玉器与饕餮纹的演变. 东南文化，1991（5）: 48.
③ 卜友常. 由汉代铺首画像看铺首的流变与功用. 郑州轻工业学院学报（社会科学版），2012(2): 39–45.
④ 杜金鹏. 良渚神祇与祭坛. 考古，1997（2）: 52–62.

图 3.15 反山玉钺（M12:100）本体上的鸟形象细部
（图片来源：《反山》，文物出版社，2005 年）

存在的是神人纹、兽面纹和鸟纹，而太阳纹并不常见。因此，在良渚社会的信仰系统中，祖神崇拜具有相当的地位和影响，始终处于玉器纹饰原始艺术创作的核心位置。

### 1. "崇鸟敬日"观念的由来

东南沿海地区是中国古代崇鸟观念盛行的地理文化中心，早在新石器时期的史前文化中，先民们就认为飞翔于广袤天地间的鸟是与"天"最接近的动物，能够为人们传递祈求和佑护，是可以沟通神灵的灵物；同时对群鸟栖息后形成的肥沃疏松"鸟田"，会带来稻作农作物的丰收这一现象，产生了特殊的崇拜和信仰。远古流传的太阳和鸟的神话传说中，较出名的有"十日传说""太阳神鸟"和"金乌负日"，它们反映了远古先民"崇鸟敬日"观念的由来。根据《山海经》记述，中国远古时代太阳神话中，十日（十个太阳）是帝俊与羲和的儿子，它们既有人与神的特征，又是金乌的化身，是长有三足会飞翔的太阳神鸟——踆乌[①]。如《山海经·大荒南经》记有"羲和者，帝俊之妻，生十日"。《山海经·大荒东经》中记载："汤谷上有扶木，一日方至，一日方出，皆载于乌。"扶木即扶桑树，乌即金乌。意为汤谷有棵扶桑树，每天当一个太阳回到树下时，另一个太阳就会升起，它们都被金乌载着。《山海经·海外东经》中记载："汤谷上有扶桑，十日所浴，在黑齿北。居水中，有大木，九日居下枝，一日居上枝。"[②]其中提及的扶桑树，被认为是三星堆遗址中发现的青铜神鸟树的原型，可见古蜀人也有"崇鸟敬日"的习俗。太阳和神鸟的图腾代代相传，形成了崇鸟敬日的文化传统，且作为一种区域文化模式一直被相隔千里的中原、西蜀等地区以及以"尊鸟贵羽"的夏、"玄鸟生商"的商为代表的后世文化继承和发扬。神鸟纹的个案研究，是了解史前崇鸟敬日文化观念产生、发展和衍变的关键所在。

崇鸟敬日观念及鸟形象的创作成为史前美术创作的重要题材之一，早在距今 7000 年前的河姆渡文化时期就出现了双鸟、双头连体鸟、单个凤鸟等鸟形象造型，出现了雕刻在象牙和骨器上的双鸟朝阳纹象牙蝶形器、牙雕凤鸟匕形器、双头鸟太阳纹骨器以及雕刻有双鸟纹弓形重圈图符的陶盆等众多表现鸟图腾的艺术品，这都是鸟崇拜信仰背景下的产物。在河姆渡文化中，圈纹代表的是太阳的形象，以双鸟朝阳纹象牙蝶形器为例（图 3.16），其中心位置用阴线雕刻 5 个大小不等的同心圆（圈纹），外圆上端刻有火焰纹，象征太阳的光芒，良渚玉器上的兽面大眼以及神鸟身上的兽目或许正由此传承而来。同心圆两侧各有一只钩喙长

---

① 踆乌：古代传说中太阳里的三足乌。《淮南子·精神训》有云"日中有踆乌"，郭璞注解说"日中有三足乌"，则是对太阳为金乌化身的说明。中国古代对太阳黑子的观察，有很悠久的历史。踆乌可能就是古人观测到太阳黑子现象后用想象塑造出的形象。

图 3.16 河姆渡遗址双鸟朝阳纹象牙蝶形器

尾的鸷鸟拥抱托扶着太阳，器物边缘还雕刻羽状纹，从布局上看，太阳纹位于中央，而鸟纹则一左一右对称分列两侧，表明在这种图像系统中，太阳是中心，两侧的鸟纹居次，反映了河姆渡人心目中鸟和太阳的关系，与神人兽面纹两侧的神鸟在布局上十分接近。崧泽文化时期则出现了堆塑鸟纹或鸟首形盖的陶器、鸟形器、鸟形玉璜等器具，如浙江嘉兴南河浜遗址出土的鹰首壶、嘉兴博物馆收藏的鸟形盉。良渚文化时期，不仅有圆雕玉鸟，而且在器物上雕刻鸟形象也很普遍，主要见于玉琮、玉璧、玉璜、冠状饰及少数陶器上。在种类、形制和纹饰等诸方面，都较前期的河姆渡文化、马家浜文化和崧泽文化丰富，也大大超越了同时期其他文化区域的创造力和审美水平。

### 2. 构成元素和表现风格

相对于红山文化与凌家滩文化特性鲜明的玉鹰、隼等猛禽类形象，良渚文化的玉鸟灵动小巧，可以看出是类似于鸽、雀之类的鸟形象。尽管有器形载体、琢刻位置、纹饰繁简、具象抽象等方面的差异，但玉鸟纹饰的构成元素和表现风格却十分相近。平面琢刻的鸟纹多为侧面造型，由鸟首、脖颈、垂囊（或鸟爪）、鸟身和鸟尾组成。鸟纹线条流畅生动，鸟首朝外，前端勾勒出尖喙部，巨目圆喙，细颈翘首，羽翼丰满上扬，双爪张弛有力。脖颈连接鸟首与鸟身，常与鸟首下方的垂囊或鸟爪状纹饰纠缠在一起，鸟身和鸟尾的表现手法与兽面纹的卵形眼几乎一致，刘斌称之为"载有神眼的鸟纹"。蒋卫东认为，"鸟纹中的卵形兽目造型表现的当是鸟身与鸟尾结合体，兽目的重圈部分代表鸟身，向后突起的眼睑部分代表鸟尾。这样的表现形式或许透露出良渚文化神兽与鸟灵间互为表里的亲密关系"[①]。

### 3. 载有神眼的鸟纹

神鸟纹饰见于琮、钺、冠状器、三叉形器与璜等良渚文化玉器，均与神人兽面纹相伴出现（图 3.17）。繁复鸟纹的鸟眼大多通过填刻圆形卷云纹，如反山玉钺王（M12:100）本体上的鸟纹（图 3.18）；或由多道同心圆形成重圈，并以三道等分线束捆扎的形式来表现鸟眼，其余细部填刻卷云纹，如反山玉琮王

---

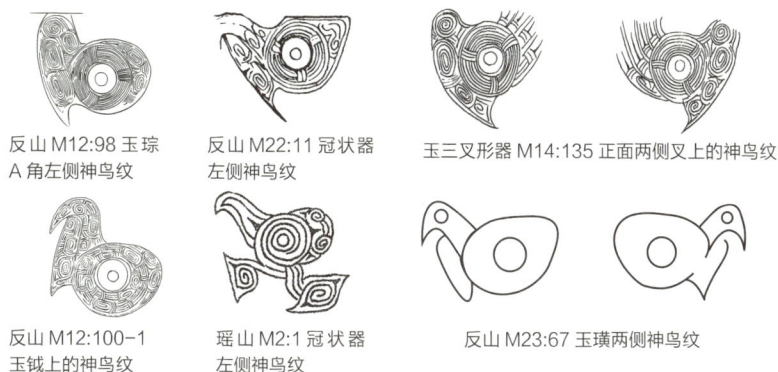

反山 M12:98 玉琮
A 角左侧神鸟纹

反山 M22:11 冠状器
左侧神鸟纹

玉三叉形器 M14:135 正面两侧叉上的神鸟纹

反山 M12:100-1
玉钺上的神鸟纹

瑶山 M2:1 冠状器
左侧神鸟纹

反山 M23:67 玉璜两侧神鸟纹

图 3.17 良渚文化玉器各种器型上的神鸟纹

图 3.18 反山玉钺（M12:100）上的鸟纹细部
（图片来源:《反山》, 文物出版社, 2005 年）

117

（M12:98）神人兽面纹的兽眼及两侧的神鸟纹（图3.19）、反山冠状器（M22:11）的神鸟纹（图3.20）、玉三叉形器（M14:135）正面双叉上的神鸟纹；而简化鸟纹的鸟眼都采用管钻单圈来表现，如反山玉琮（M20:124）、反山玉璜（M23:67）两侧的鸟纹。

　　玉鸟和艺术化的鸟纹或鸟符，均可视为对东部沿海和东南地区鸟崇拜传统的承袭和发展。虽然良渚文化玉器上的动物形象纹饰并不限于鸟，但没有哪种动物能够像鸟一样，被赋予如此多样化的形象，出现在如此多的器类之上。以玉为载体的鸟的形象对于良渚先民的重要性，由此可见一斑。

　　从表层结构形式分析，鸟形象可分为鸟形器和鸟纹样两种形态。如果将前者视为空间造型形式（塑形），那后者就属于平面造型形式（刻纹）。虽然两者在内涵和功能上具有不可割裂的关联性，但由于两者置放环境和形态表现手法的不同，使我们在具体的研究中产生了不同的观察角度，从而加深了对鸟形象内涵和功能的理解。从河姆渡文化到良渚文化鸟形象的演变轨迹可以看出，太阳和鸟是远古人类最初的图腾崇拜，属于自然崇拜。随着人的自我意识的加强和社会关系的复杂化，人类从自然崇拜阶段进入到祖先崇拜阶段，于是祖先神又以人格化的鸟神形象出现。有学者认为良渚文化是以鸟为图腾的氏族或部族，良渚社会普遍存在"尊鸟贵羽"的习俗，神人纹的人面羽冠可能体现的是世俗首领与图腾神的结合，而纹饰上的羽冠，象征着"鸟首"。[1] 因此，为祖先神像装饰上似羽毛状的冠饰，鸟身部分用神徽的眼睛来表达，更直接地反映了鸟是神的载体，是神的化身之内涵。在良渚文化玉器上的神人兽面纹图像系统中，鸟形象与神人兽面相伴而

---

① 　董楚平.良渚文化神像释义——兼与牟永抗先生商榷.浙江学刊，1997（6）：100–103.

图 3.19 反山玉琮（M12:98）D 转角兽面纹及鸟纹细部
（图片来源：《反山》，文物出版社，2005 年）

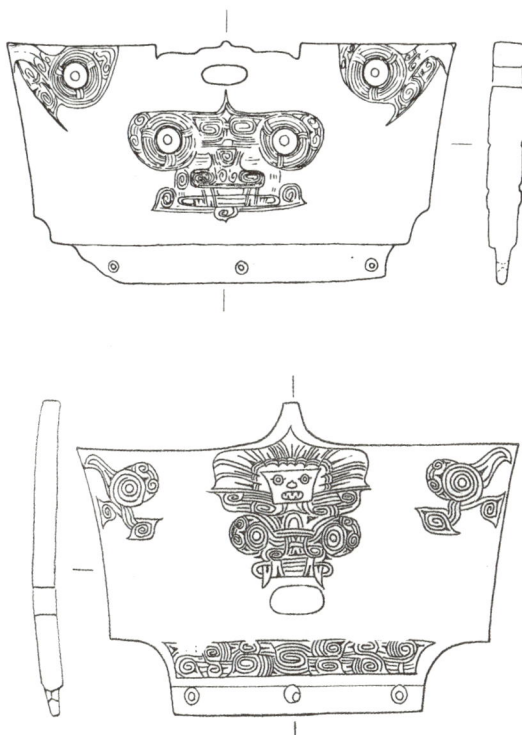

图 3.20 反山冠状器（M22:11）和瑶山冠状器（M2:1）上的鸟纹
（图片来源：《良渚玉器线绘（增补版）》，浙江古籍出版社，2019 年）

出，鸟身与兽目呈现同一纹样单元构成，不仅在结构上，而且在内涵中也刻意显示出"神人—兽面—鸟形象"三位一体的宗教教义，使鸟形象由单纯的自然崇拜上升到神灵崇拜的地位。良渚文化晚期的鸟形象，出现两种状态：一种鸟形象引颈侧向，以鸟立高台图符的形式隐刻在玉璧上；另一种以鸟首部分与螺旋纹组合的形式刻在黑陶器表上。

### 4. 鸟立高台图符

良渚文化玉璧多为素面，少数刻有"鸟—高柱—祭坛"为主题的图符，既写实又写意地传达了先民对氏族祖先生命来源的想象，这与史前东南沿海地区盛行的鸟生神话有关。有学者认为这一刻符是良渚文化刻画符号的一种，不像纹饰那样具有较强的装饰美化作用，多为表意符号，可视作当时的原始文字。

鸟立高台图符一般出现在玉璧穿孔的正上方，极为隐秘，只有在极近距离或者特定角度才能观察到（图3.21）。其由立鸟、杆状物、阶梯状高台以及台内特殊徽章图形四部分组成，鸟的形象几乎都是侧立于高台，昂首敛翅站立在一杆状物上。鸟立高台图符象征性地反映祭祀时的场景，阶梯状高台是良渚文化祭坛三重土色台状结构的写实，而竖立在祭坛上的立鸟应是良渚人崇拜的神鸟，是祭祀仪式上人神沟通的使者，高台内特殊徽章图形可能为背载太阳起落的金乌，是太阳崇拜的象征。杜金鹏认为，这类图符描绘的就是一幅良渚人在祭坛上举行祭祀的场景图画，除了祭坛本身以外，与祭祀有关的是坛顶上的神鸟、坛体上的太阳神徽或"阳鸟负日图"，因此推断良渚人在高坛上祭祀的主要是太阳神。良渚人所崇拜的神鸟，主要是指驮负太阳飞行、被当作太阳神化身的"阳鸟"，因此坛顶上的神鸟极可能也是阳鸟，它站在一根细高杆子的顶端，寓意上可通天，下可通人。高杆的下部由

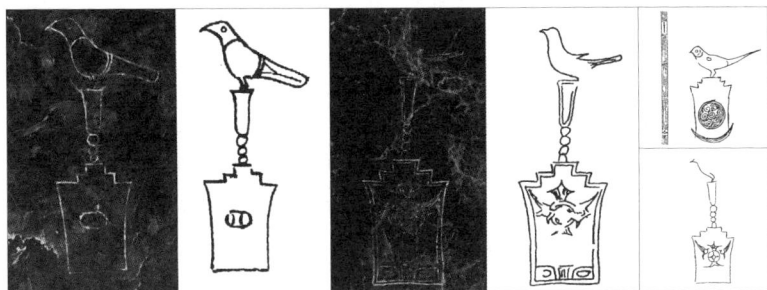

图 3.21 良渚文化玉璧上的鸟立高台图符

一些圆珠串联而成，给人一种可通可绝、若即若离的神秘感，象征的正是天、人之间的微妙关系。①

　　古人把火与太阳联系在一起，《淮南子·天文训》说"火气之精者为日"；《论衡·诘术篇》认为："日，火也，在天为日，在地为火。何以验之？阳燧乡日，火从天来。由此言之，火，日气也。"这些文字所表达的意思为太阳就是火，在天上是太阳，在地上是火。用什么来证明这一点呢？用阳燧对着太阳，火就从天上取下来。由此说来，火就是日气。可以想象良渚人在高高的祭坛上举行燎祭，用燃烧柴草产生的大火来祭祀太阳，地上的火与天上的太阳感应，从而达到天、人沟通的目的。笔者根据《周礼》中"以苍璧礼天，以黄琮礼地"的记载，推测早在良渚文化时期，刻纹玉璧就已经和玉琮配套成为祭祀天地的礼器。良渚文化玉璧上鸟立高台刻纹中的祭坛、鸟和太阳图案，都是与天沟通的指示物，与玉神器一样是为事神通神而服务的。

---

① 杜金鹏. 良渚神祇与祭坛. 考古，1997（2）：52–62.

### 5. 玉鸟形器

以圆雕形式造型的玉鸟形器，多为扁平器，可分俯视展翅型和侧立型两种形态。俯视展翅型玉鸟，表现的是鸟展翅飞翔时的俯视形象，双眼圆凸，尖喙短尾，两翅外张，呈展翅飞翔状（图3.22）。鸟眼常作浅浮雕或阴线刻划的细部表现，而在平直或略凹弧的底面上都有牛鼻形隧孔，以便将玉鸟与其他材质的器物连缀之用。根据玉鸟的出土位置及反面牛鼻状隧孔推测，应是缝缀于墓主衣袍下部的一种功能性装饰。这类玉鸟，目前仅发现于良渚遗址范围内的瑶山与反山，鸟的喙部均短而直，表现的是鹊、鸽之类性情较温和的禽鸟，与红山、凌家滩、石家河等其他史前文化圆雕玉鸟都以表现钩喙的鹰隼类猛禽的特征迥然不同。侧立型玉鸟，目前仅发现3件，鸟的个体远小于俯视展翅型玉鸟，但同为性情温和的鹊、鸽之类。此外，在良渚文化时期陶器的造型和纹样设计上也融入了鸟形、鸟纹、鸟首蛇身纹等设计元素，多为简单的刻画符号和装饰纹样（图3.23）。

图3.22 反山14号墓玉鸟（M14:259）正反面
（图片来源：《反山》，文物出版社，2005年）

图 3.23 绰墩遗址出土的宽把杯口处的鸟纹刻符

　　由此可见，早期先民在原始的崇鸟观念影响下，关注到自然界中的鸟，并将其刻画装饰于骨制、玉制、陶制工艺品上。无论是那些写实的具体形象还是写意的抽象图式，都表明了鸟在当时的特殊地位和象征意义。在太湖流域这一广阔的时空范围内，鸟形象不仅始终处于原始艺术创作的核心地位，而且以一种相对稳定的造型结构和母题元素前后承续。这一主题纹样随着时间的流转，其内容、轮廓、图式愈见清晰，对于之后的殷商文化产生重要影响。《诗经·商颂·玄鸟》中有："天命玄鸟，降而生商。"商人认为玄鸟是他们的祖先，在承袭早期先民对于鸟的崇拜信仰后，凤鸟在图腾信仰中逐渐占据重要位置，凤鸟纹成为青铜器装饰纹样的主题纹饰。

图 3.24 余杭反山玉权杖（M12:103）瑁细部
（图片来源：《反山》，文物出版社，2005 年）

## （三）卷云纹：原始崇拜的意象符号

反山墓地出土的玉权杖（M12:103）的冠饰——瑁（图 3.24），是良渚文化玉器中难得一见的"满花"器，浅浮雕的神人兽面纹周围装饰繁复细密的圆形或椭圆形的线性回转形几何纹饰，以图案化形式连续、循环排列，满饰玉器器身，将良渚人精湛的微刻技术发挥得淋漓尽致，使其成为同类器物中的极品（图 3.25）。

对于这一古老纹饰的艺术形式和象征语义目前尚未形成代表性观点，由于出现在史前时期，研究者只能根据此纹饰演变的特征，用后世纹饰中大致相仿的名称来命名。本书沿用《浙江余杭反山良渚墓地发掘简报》中使用的阴文线刻的"卷云纹"这一名称。通过研究良渚文化玉器上神鸟纹的风格特征、象征性表达以及从具象到抽象的演变过程，有学者认为认为这类纹饰是"变体的神鸟纹"，由鸟形简化的螺旋纹加小尖喙结构组成，作为陪衬地纹起烘托和渲染的作用（图3.26）。也有学者认为这类纹饰是

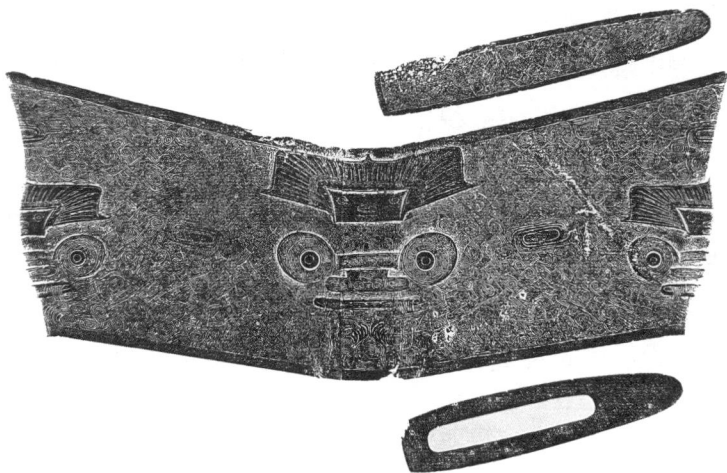

图 3.25 玉权杖（M12:103）瑁的拓片

（图片来源：《反山》，文物出版社，2005 年）

"漩涡纹""螺旋纹""云雷纹"[①]"云纹"等，笔者认为这些都是吸收了良渚文化其他古老纹饰特征后发展衍生的纹饰种类。其中，方向明、梁丽君称其为"螺旋纹"，并进行了专题研究，后者认为该纹样的形成和发展经历了四个阶段：第一，从崧泽文化时期开始，在陶器纹样圆和弧边三角的两侧出现；第二，与尖喙进行组合，出现在玉器龙首纹的图像构成单元中，成为重圈圆——龙首眼睛的辅助结构；第三，进入神人兽面纹的图像单元构成系统中，作为辅助性单元存在；第四，良渚后期黑陶上螺旋纹与鸟首相结合，这时候螺旋纹已脱离作为地纹形式的存在，成为主体纹样，它的所指意义也相应地发生了改变。[②]

原始人的图腾崇拜活动激发了史前纹样艺术的发展，其中最具代表性的当属几何纹样。由直线、曲线、圆形、三角形、菱形等几何图案所构成的规律性纹样，是流传时间最久，形式最丰富的中国传统纹样。良渚文化卷云纹是几何纹的一种，其产生于古人对自然的崇拜，通常作为细部的装饰纹样，出现在大量具有神秘色彩的玉礼器上，且纹饰生动灵活，繁缛精美，不仅起到装饰美化的作用，更是一种具有特殊象征意义的符号，是良渚人生活信仰和审美意识的重要反映。

用现代人的设计法则来看，线是最纯粹、最朴素的造型语言，是卷云纹的基本构成元素。反山12号墓出土的玉权杖是神权和王权的象征之物，其冠饰玉瑁上密布的卷云纹中，线的螺旋旋转形成一个个各异的点，点与点之间以密集线束相连，交织排列形成面。良渚人在原始的生产条件下，怀着信仰的力量，以

---

① 云雷纹：中国传统几何纹样的一种，线性回转形转折为圆者时被称为"云纹"，线性回转形转折为方时被称为"雷纹"，云雷纹是二者的总称。云纹多以阴刻或浅浮雕雕刻而成，形如云头，云纹不仅有单体云纹，还派生出形态变化丰富的变体云纹。

② 梁丽君. 崧泽、良渚文化三大纹样母题研究. 南京：南京大学，2011: 177.

超常的毅力和耐心，琢刻出细致、柔美的阴线纹饰，通过线条的微妙变化，使其产生了独具个性的形式语言，将旋转感、流动感用简洁的线条表现出来，增加了视觉上的弹性和张力，在烘托神人兽面纹主题纹样的同时，亦表现出神权的神秘感和王权的秩序感。

玉器上密布的卷云纹所具有的勾连宛转、生生不息的生动形态造就了独特的视觉效果，其表现形式率性而灵动，奔放中不失韵律，散漫中不失秩序。卷云纹的纹饰单元主要有三种形式：Ⅰ式是指涡形的曲线360°旋转形成的点状的螺旋纹，或单旋、双旋，或圆形、椭圆形，一般作为主体纹饰的衬地（如图3.24、图3.25）；Ⅱ式由螺旋纹和小尖喙组合的变体神鸟纹组成，这种组合形式最具崧泽—良渚特色（图3.26）；Ⅲ式以象征兽眼或鸟眼的重圈纹和交互旋转的线束，配合周围填刻的细小螺旋纹和短弦纹组成，这种形式多出现在反山、瑶山出土的一些冠状器和三叉形器上（图3.27），作为神人兽面纹组合中的鸟、兽的抽象表达。这些基本的纹饰单元通过线束旋转相连，展示出飘逸流畅的线条之美和气象万千的动态组合。

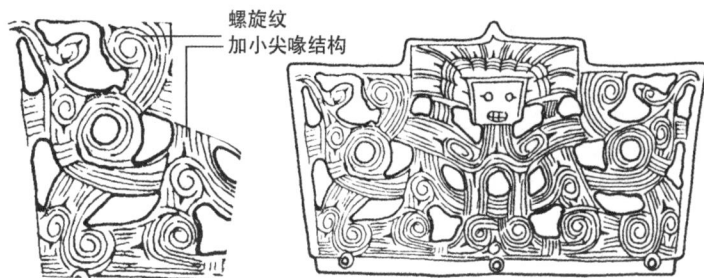

图 3.26 反山冠状器（M15:7）上的变体神鸟纹

（图片来源：《良渚玉器线绘（增补版）》，浙江古籍出版社，2019 年）

图 3.27 反山三叉形器（M14:135）三叉顶部纹饰（兽眼 + 卷云纹）
（图片来源：《良渚玉器线绘（增补版）》，浙江古籍出版社，2019 年）

几何纹样由"观物取象"而来，是一个将自然物抽象化的过程，既有主观的部分也有客观的成分存在，是主客观交融后的综合感受，也就是说几何纹样实际上也是一种艺术符号，以特定的"形式"表达一定的"情感"。卷云纹可能是良渚人对于太阳、云气、水涡、指纹等自然现象的崇拜，也可能是对蛇、鸟等动物崇拜的抽象概括，是原始崇拜的意象符号，或许它在良渚人心目中可以增强器物的"神力"。在艺术处理上，作为玉器细部的装饰纹样，卷云纹已初步体现出多样统一、平衡对称等特点，能随不同器形作出协调妥适，反映出我国史前纹样在萌芽时期，就已注重实用与美观结合、器形与装饰统一。

## （四）龙首纹：良渚人的早期崇拜

龙首纹玉器在良渚文化早期已遍布太湖流域，比兽面纹更早出现。发掘者因其形态极似中国传统的龙纹而且仅有头部形态，故以"龙首纹"命名之。龙首纹是良渚玉器中的另一种重要纹饰，它的表现形式并非平面刻划而是立体雕琢的，多见于圆牌饰，偶见于镯、璜等器物的边沿，有的做成片状的牌饰，是反山、瑶山考古发掘后确立的一种新的主题纹样，数量很少，但已在海宁达泽庙、余杭梅园里、桐乡普安桥、海盐仙坛庙等地发现。目前所知，这类器物源自崧泽文化中一类非常醒目的圆雕形龙首玉器，出现于崧泽文化晚期到良渚文化中期偏早阶段，到了良渚文化中期以后已基本绝迹，可见这种纹饰流行的时间并不长。

龙首纹蕴含的也是神灵崇拜的现象，这种龙纹图案具有固定的形态特征和表现方式，与常见的神人兽面纹图案有较大差异。反山、瑶山的龙首纹玉器除了纹样图案抽象化之外，均以正面和两侧面来表现龙首，龙首的数量在两个以上，载体有环镯、圆牌、璜等。瑶山环镯（M1:30）是良渚文化中最具代表性的龙首纹玉器（图 3.28，图 3.29），高 2.65 厘米，直径 8.2 厘米，孔径 6.1 厘米，这件环镯出土时高于墓底约 20 厘米，原先应该置放在葬具之上，形态上也有别于其他的龙首纹，龙首图像与环镯顺向布列，外壁减地浮雕龙首纹，其最大的突出部位是眼睛，如果侧面视之，环镯整体似乎已经有了四角凸起的模样。《瑶山》简报中对此有详尽的描述，且说明了"龙首纹"定义的由来，以瑶山龙首纹环镯（M1:30）的考古报告为例：

图 3.28 瑶山龙首纹环镯（M1:30）
（图片来源：《瑶山》，文物出版社，2003 年）

图 3.29 瑶山龙首纹环镯（M1:30）及其拓片展开图
（图片来源：《瑶山》，文物出版社，2003 年）

　　整体作宽扁的环状，内壁平直光滑，外壁琢刻 4 个凸面，其上刻同向且相同的龙首形图案。利用外壁的宽平面表现龙首的正面形象，并以浅浮雕延伸至镯体的上下端，形成龙首的侧面形象，从而组成颇为立体的龙首图案。正面下端是龙首的扁宽嘴，露出平直的上唇和大而方整的上排牙齿，上唇两侧有圆形凸起的鼻孔，宽扁的鼻部与上唇平齐。之上有一对大而圆凸的眼球，外饰圆形眼圈。两眼上方用阴线刻出一对短角。眼、鼻之间有一菱形图案，内外双线，菱形正中阴线刻一小椭圆形。图案侧面用浅浮雕和阴线刻，表现深而长的嘴裂、鼻子和头部的侧面形象。以往曾将这种形态的玉器称为"蚩尤环"。若以平面加侧面进行观察，其形态与中国传说中的龙近似。①

　　牟永抗先生对其进行了进一步描述："其上对称地琢出四个动物头像，一双圆突的大眼，外饰圆形眼圈，两眼上方以阴线刻出

_____

① 浙江省文物考古研究所 . 瑶山 . 北京：文物出版社，2003: 28.

130

短角，短角后侧雕刻两耳，嘴吻硕长，宽平的上唇，半掩着一列平齐的门齿。其形象和前面讲到的兽面纹有明显的区别，似为多种动物的组合形象。如将图形的拓片作平面展开，就好像一个近方形的团团脸，故有人称作'蚩尤环'。如以平面加一侧面作斜向的透视观察，则和我国传统观念中龙的形象颇为近似。我们暂称其为龙首纹。"[1]（图 3.30）

龙首纹饰首先以浮雕方式将整个龙首形突出于器表，再以正面形态突出眼、角、鼻三个部分，两眼和鼻部通常突出于两个面的交界位置，吻部平直突起，没有细部刻画。近些年，研究者开始关注龙首纹与兽面纹之间的关系，尤其是龙首纹"耳"部位与兽面纹大眼斜上侧的月牙形"眼睑"之间的关系，基本认定了所谓的"眼睑"实际上是"耳"部位的衍变。

早期龙首纹玉器的形体都很小，多属于环状类的小件玉饰，如环、玦、珠等，圆雕玉饰只有达泽庙片状龙首形饰（M10:4）和普安桥龙首形端饰（M8:28）。瑶山龙首纹镯形器（M1:30）是体量最大的一件龙首纹玉器，整体作宽扁环状，外壁琢刻四个同向的龙首纹凸面。盛起新对龙首纹镯形器的纹饰特征进行了详细解读："此器最早以三个面组成一个龙首形图案，与神人兽面纹刻划在平面或弧面，或是分展于两个平面上的表现手法有所区别。从此器开始，龙首纹的刻划从正面向左右两面扩展，并加入许多新的元素，例如突起的短角上阴刻一对似'鹿茸'的角，眼鼻间加入一个双线弧边四边形，正中阴刻一椭圆形，扁宽嘴内有方整的牙齿，图案两侧有相应的扇贝形凸面刻有侧脸的轮廓和向外反转的螺旋纹等，其后的龙首纹都在这个基础上稍加增减而

---

① 牟永抗. 前言 // 浙江省文物考古研究所等. 良渚文化玉器. 北京：文物出版社，1990: 7.

图 3.30 瑶山龙首纹环镯（M1:30）考古线绘

（图片来源:《瑶山》，文物出版社，2003 年）

1. 达泽庙片饰 (M10:4)；2. 后头山珠（M18:1）；3. 瑶山镯形器 (M1:30)；4. 瑶山圆牌饰
(M11:59)；5. 瑶山圆牌饰 (M2:17)；6. 反山玉管 (M16:14)；7. 反山玉管 (M12:129)；
8. 反山圆牌饰 (M22:26-1)

图 3.31 良渚文化早、中期龙首纹
（图片来源：《东南文化》，2014 年第 5 期）

已，这个风格一直被瑶山和反山的龙首纹圆牌饰和玉璜所沿用。
龙首纹眼、鼻间的弧边四边形其来源可能与流行于崧泽文化晚期
到良渚文化早期 Ib 型编织纹的变体弧边四边形有关。"[①] 之后龙首
纹开始出现在体量较大的玉器，如璜、镯、管、柱形器和圆牌饰
上（图 3.31）。

刘斌将龙首纹和神人兽面纹进行比较研究后指出，龙首纹是
一种独立的主题纹样，我们知道，神人兽面纹是以面部的中心为
轴线，将图案分展于两个平面上；或者在一个平面或弧面，完成
一个完整的图案。而典型的龙首纹，则一般以三个平面或弧面组

---

① 盛起新 . 崧泽文化纹饰对良渚文化的影响 . 东南文化，2014（5）：73-74.

成一个图案。首先以浮雕的方式，使整个龙首形突出于器表，再以阴线刻其细部。眼睛一般在圆形的乳钉状凸起上，再刻以圆圈表示。吻部平直地凸起，两端为略鼓起的圆形鼻孔，在凸起的吻部的中间，一般刻有 U 形唇线，两端与鼻孔线相连。鼻孔与眼睛一般同宽。在吻凸的下方，往往刻一排整齐的牙齿，无獠牙，因而有别于兽面纹。眼睛的上方，浮雕出两只上竖的耳朵，有的在耳前还刻有角状纹饰。眼睛与吻部之间的距离较大，正面一般饰以单线或重线的菱形纹，少数饰垂弧纹。而在两个侧面，一般以阴线刻出长长的嘴和耳朵的侧面轮廓。将龙首纹与神人兽面纹对照可以看出，两者具有明显的种属差异。前者具有上竖于头顶的耳朵和角，而后者没有。龙首纹是一种具有长而宽的腭骨，吻部突出，口鼻相连的动物，其嘴可延至眼睛的侧面；而兽面纹则是平脸短腭，有蒜形鼻和独立的扁圆的嘴巴。龙首纹有着整齐的牙齿，不见獠牙，表现出食草动物的特征；而兽面纹则具有食肉动物的长长的獠牙。两种图案种属的不同，反映出在崇拜渊源上的差异。①

方向明认为，兽面纹很可能直接由龙首纹加入崧泽晚期陶器上最具代表性的装饰纹样——圆和弧边三角组合图案后演变进化而来。他以瑶山龙首纹圆牌（M2:17）为例，其缘面和两侧面减地雕琢三组龙首纹，彼此以菱形图案连接。如果将其中一组做图像的演变，就可以清晰地发现它们与兽面纹之间存在着内在的密切联系。（图 3.32）把瑶山龙首纹圆牌（M2:17）侧倾一个角度，展开后的耳朵就会有一个尖角，这或许就是良渚文化早期兽面纹"尖角眼"的由来，如瑶山玉璜（M4:34）的兽面纹尖角眼斜下

---

① 刘斌. 良渚文化的龙首纹玉器 // 杨伯达. 出土玉器鉴定与研究，北京：紫禁城出版社，2001：305，311-316.

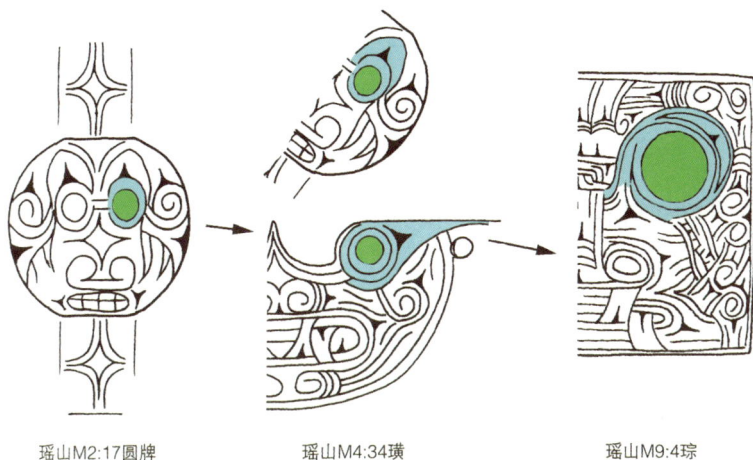

瑶山M2:17圆牌　　　　瑶山M4:34璜　　　　　　瑶山M9:4琮

图 3.32 瑶山圆牌（M2:17）龙首纹的演变示意图
（图片来源：《良渚玉器线绘（增补版）》，浙江古籍出版社，2019 年）

方还有螺旋纹和小尖喙，可能是变体的龙首纹。[①]

　　从瑶山出土玉牌饰 (M7:55) 纹样的整体造型和颊侧突起、十字镂孔等特点来看，其与蛇、蛙等爬行动物的头面部可相比较，龙首纹上的菱形纹与蛇头部鳞片相似。良渚文化玉器与陶器纹样上诸多与蛇有关的形象，表明蛇崇拜是良渚信仰体系的组成部分。这部分信仰内涵不仅在本地区承续发展，至东周时还成为土著越族的重要文化特征，同时也对外向北传播，在中原文化遗存中留下不少印记。

① 　方向明 . 神人兽面的真像 . 杭州：杭州出版社，2013：63—66.

## 三、纹饰和器型的发展脉络

　　玉文化与中华文明起源一样具有多元一体的发展历程。虽然各个历史时期，玉器会呈现出各自的时代特征，代表不同的文化内涵，但玉器始终与中华文明的发展主线紧密相扣。在史前阶段的玉文化中，红山文化、凌家滩文化、良渚文化最具代表性，出土玉器的数量、器型、纹饰和工艺都较为出色，代表了各自的区域特色和文化发展水平，是研究文字出现之前的史前艺术和远古社会形态的重要渠道。

　　受地域环境及先民活动范围的影响，史前玉文化显示了一定的地域特征，但又具有同一性。良渚文化玉器在长江下游地区有着深厚的历史渊源，从河姆渡文化、马家浜文化、崧泽文化逐步演进而来。玉器的器型种类从最初的装饰品到巫祀、礼仪用品，数量和种类逐步增多，制作工艺由粗糙到精致，纹饰由素面无纹发展到繁复精细，使用区域和群体也日渐扩大。

### （一）河姆渡文化：形成崇鸟敬日的区域观念形态

　　河姆渡文化是分布于浙江杭州湾南岸宁绍平原及舟山岛的新石器文化，距今 7000—5300 年。河姆渡出土了骨器、陶器、玉器、木器等生产工具，还有生活用品、装饰工艺品，全面反映了当时长江下游地区原始社会母系氏族时期的繁荣景象。河姆渡人以象牙、骨、玉、石、陶、木为载体，通过琢磨、刻划、捏塑、绘画等艺术手段，留下了许多关于鸟、太阳等自然崇拜主题的艺术作品，其中就有作为遗址标志的"双鸟朝阳"象牙蝶形器，其形制与半圆形玉璜接近。河姆渡文化玉器制作处于原始阶段，玉料选择不严，玉质也较差，大多光素无纹，主要器形有玉珠、玉管、玉玦和璜形玉佩等。河姆渡遗址出土的玉璜是一种礼仪性的配饰，供巫师在进行宗教礼仪活动时佩戴。除了装饰用玉外，尚没有发现其他类别的玉器。河姆渡是长江下游地区最早的制玉发生地，虽然玉器的种类和数量很少，又都是小型装饰品，造型简单，做工原始，但它的产生直接影响到马家浜文化、良渚文化玉器的产生与发展。

随着考古发掘的增多，不难发现纹饰的产生绝非偶然，探讨艺术起源的学者大多认为，器物上的纹饰并非虚无的、仅供装饰所用的花纹，更多的是对当时信仰的反映，从纹饰的演变中可以探寻远古人类信仰的社会背景、崇拜对象的形象和礼仪内容。纹饰的产生最早源于人对身边自然物的描摹。大自然的一草一木，萌发了人类对美最初的探索，这些物象都是自然存在的，人类首先使用最简单朴素的方式去描绘它们。这一阶段注重模仿自然的"物化美"，是美在人类意识中产生的萌芽期。此时器物造型简单拙朴，没有过多的修饰，装饰纹样多是以点、线、面装饰语言组合而成的几何纹，造型多以对自然界中物象的模仿为主，极少刻画多余的细节，主观创造不是很多。在新石器时代晚期，人们不再单纯地满足于对自然属性的欣赏，对美的追求逐渐从感性认知转化为理性认知。通过自身对美的追求和认知，人们开始主动创造美。这个时期，源于自然美的造型形式，逐渐表现在对不同形式玉器的创造中。器物上的纹饰也开始有了演变，由最简单的几何线条、几何形为主逐渐演变为复杂且具有象征意义的图案。伴随着原始宗教的发展，每种信仰都产生了自己的造型艺术，其形状可追溯自某种基础范式和广泛的母题，其内容与图腾崇拜、祖先崇拜相关联。

对于进入农耕阶段的人类来说，太阳的威力是伟大而神秘的，对太阳的原始崇拜是人类最自然的情感表达。河姆渡文化早期就盛行在器物上刻象征太阳的重圈纹与植物、动物的组合纹饰。河姆渡猪纹陶钵（图3.33）是1977年在对浙江余姚河姆渡遗址进行第二期考古发掘时出土的，该陶钵器形相当完整，俯视呈圆角长方形，斜腹平底，外腹壁两个长侧面上各以写实的手法刻画了外貌基本一致的猪形纹饰。整个造型形态逼真，猪纹轮廓用双线勾勒，长吻竖耳，头向前垂，双目圆睁，粗短斜立的鬃毛整齐有序，腹部微微隆起下垂，细而筋骨的四足蹒跚而行，仿佛正在寻觅食物，一头生命力旺盛的野猪形象跃然眼前，充分反映了河姆渡人奇特的艺术构思和淳朴的审美情趣。

图3.33 河姆渡猪纹陶钵上的太阳纹和芽叶纹

河姆渡文化时期的太阳纹一般以圈纹的形式出现，从单圈到多圈（七圈）不等，或与芽叶纹组合出现在动物的腹部，或与鸟形象组合。这一时期的芽叶纹往往呈两瓣状，左右两芽叶大小基本一致，芽叶轮廓内多有重线添刻，多以二方连续图案形式出现，芽叶与太阳、鸟兽的组合，应该都体现出河姆渡先民朴素的自然崇拜。猪纹陶钵的猪腹部刻满圆圈纹和芽叶纹，很可能是人们赋予此兽的某种意念符号，是代表丰收的祥瑞之物，为研究河姆渡文化的绘画艺术和观念形态提供了实物依据，也为了解原始宗教信仰提供了直观形象的证明。这一时期的太阳纹组合图像多呈现出自然写实的风格，没有统一的范式，反映出当时的观念和信仰应该是处于一种活泼、松散的状态。

神人兽面纹中神人形象的介字形冠帽形式，在早于良渚文化 2000 年的河姆渡文化就有发现，与龟背甲的横截面颇为接近，是"天"的象征。从河姆渡文化沿袭发展而来的还有崇鸟敬日观念和具有地域特征的鸟形象，在良渚文化中以鸟纹的形式延续，饰于琮、璧、冠状器上，多与神人兽面纹相配使用。

### （二）马家浜文化：玉石工艺的分化期

马家浜文化大致与宁绍平原的河姆渡文化处于相同时期，河姆渡文化在钱塘江以南，马家浜文化在钱塘江以北。在马家浜文化和河姆渡文化之前，浙江北部还存在着更为久远的上山文化和跨湖桥文化。上山文化遗址是长江下游及东南沿海地区迄今发现的年代最早的新石器时代遗址，距今 11000—9000 年，当时先民已开始种植水稻、使用陶器，并且有较完善的聚落。易华认为，定居农业文化源自东南。上山遗址发现了不同形式的灰坑、灰沟、建筑遗迹，陶胎中普遍发现了稻壳、稻叶及稻茎，说明当时的人们已经进入定居农业生活阶段。从上山到良渚的 5000 余年，种植水稻、开凿水井、驯养家畜、制造陶器、建造房屋的江南定居农业生活方式日益成熟，并在良渚时代达到了史前定居稻作文化的高峰。[①] 上山文化的超前性，甚至使不少学者在它发现之初怀疑测年数据的可靠性——这一情况同样也发生在河姆渡文化刚被发现的时候。中国考古学界较早引入了"碳 –14 测年法"[②]，1965 年中国建立了第一个碳 –14 实验室，1972 年开始发表测验数据。一系列的数据表明，江浙地区的河姆渡文化和良渚文化并不迟于北方的仰韶文化和龙山文化。过去将史前江浙视作化外荒蛮之地的观念，受到了前所未有的冲击。可以说，长江下游地区一直走在时代发展的前列，良渚文化在史前文明中的地位并非凭空出现。

马家浜文化是长江下游太湖地区最早的新石器文化，因首次在浙江省嘉兴市城区南湖乡天带桥村马家浜村发现而得名，距今 7000—6000 年。马家浜文化及其晚期的崧泽文化遗址，主要分布在浙江北部、上海和江苏东南太湖一带，前后延续了 2000 年，大体时期与仰韶文化的中晚期相当。这一时期的制玉工艺正处于玉、石工艺分化期，马家浜文化玉器的玉质较为粗劣，硬度不高，均为素面无纹的玦、管、珠等小件饰品，制作工艺还很粗陋，仍是沿用旧石器时代制造石器的传统工艺。出土的玉器以装饰品为主，玉玦、玉璜和玉管三者占总数一半以上，还有以玉锛为代表的丧葬礼仪用玉以及少量动物形饰等。

玉玦在马家浜文化出土玉器中数量最多，其中大孔细镯形玦

① 易华.良渚文化与华夏文明.中原文化研究，2019（5）：7.
② 碳 –14 测年法：美国科学家威拉得·利比所发明的碳 –14 测年法至今仍是考古学界推算年代的重要手段，利比因此荣获 1960 年诺贝尔化学奖。

是这一时期特有的式样，具有鲜明的时代及地域特征。玉玦是耳部的饰品，我国发现最早的玉玦出土于距今 8000 多年前的兴隆洼文化，其后玦由北向南，由西向东流传开来。玉玦的形制呈环状，切割一豁口，根据横截面形状和高度，可分为扁环形、细镯形、圆管形、不规则形等。镯形玦在东北、江南地区的出现说明新石器时代中晚期，两地之间的文化交流不仅长久而持续，还存在相互借鉴与融合的现象。墓葬中随葬玉玦、玉璜虽然不是很普遍，但每个马家浜文化的墓地都有一定数量的精美玉玦出土，总数相对可观。马家浜文化晚期到崧泽文化早中期，随着软玉的兴起，石英的没落，以解玉砂为摩擦介质的切割法逐渐取代打制法成为新兴的开料技术，马家浜文化的各类玉器也随之得到传承与发展。

兽面形陶器耳是马家浜文化最具代表性的器物（图 3.34 左），陶器的形状虽为兽面，却有人的表情，属于人格化的动物形象。这件罕见的史前陶塑珍品，与后期的兽面形象有几分相似之处，

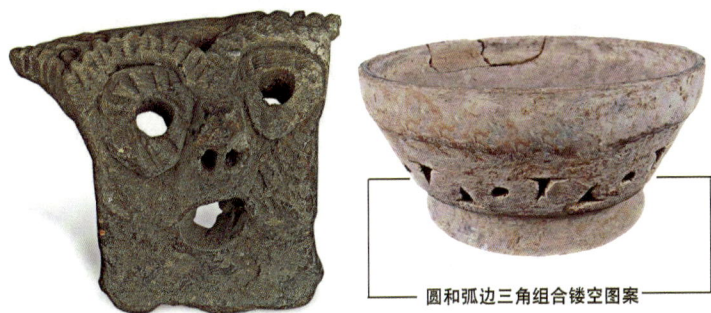

圆和弧边三角组合镂空图案

图 3.34 马家浜文化兽面形陶器耳（左）灰陶簋（右）

是一件研究神人和兽面纹融合过程的珍贵资料。灰陶簋（图 3.34 右）口微敛，浅腹，圈足上部饰有圆和弧边三角组合镂空图案，推测可能是影响崧泽文化的最具代表性的装饰纹样——圆和弧边三角组合图案的原型。

### （三）崧泽文化：孕育良渚文化的诸多文明因素

自 20 世纪 50 年代以来，环太湖流域"马家浜文化—崧泽文化—良渚文化"的考古学文化发展谱系得到认同，崧泽文化是良渚文化的前身，良渚文化在文明化进程中出现的诸多文明因素皆滥觞于崧泽文化。2008 年发掘的江苏张家港东山村遗址，是首次在长江下游地区发现的崧泽文化早中期高等级大墓，填补了崧泽文化时期没有高等级大墓的空白，对研究长江下游地区史前文化的交流提供了难得的新资料。崧泽文化早中期大墓与小墓的分区埋葬以及大房址的出现，证明至少在距今 5800 年前后，社会已经存在贫富分化，出现了明显的社会分层，这成为长江下游地区率先出现文明曙光的实证，并直接为良渚文化的崛起奠定了基础。

#### 1. 制玉技术的进步与社会形态的转变

崧泽文化距今约 5900—5300 年，属新石器时代母系氏族向父系氏族社会的过渡阶段，因首次在上海市青浦区崧泽村发现而得名，同类遗存有江苏吴县草鞋山和张陵山、江苏常州圩墩、浙江吴兴邱城等。崧泽文化上承马家浜文化，下接良渚文化，是长江下游太湖流域重要的史前文化阶段。崧泽文化早期玉器基本延续了马家浜文化晚期玉器的风格，所见器型较单调，以玦、璜为主，但玉钺等突破装饰品范畴的新器形也偶有所见。不过，在这一文化时期，玉料的选择已从美石即杂玉逐渐发展为主要使用透闪石—阳起石系列软玉，随着线切割、片切割和管钻等琢玉工艺的普及，崧泽文化玉器的种类、形制远比马家浜文化时期丰富而且复杂。

　　早期流行的玦在此时数量骤减，璜是这一阶段最重要的玉器种类。璜的形式增多，片形璜逐渐占据了主要地位，不规则的片状坠饰占有相当大的比例，少量条形、扁环形的环镯和环璧出现，说明制作技术在玉料获取上取得了重要进展，使得加工大面积玉件的切割技艺取得了突破。玉玦中竖直的管状玦已消失，扁平的环状玦除规整的圆形外，还出现了方形、勾形等变体。崧泽文化出土玉器（图 3.35）有璜、玦、环、琀、镯等，以璜为最多，除琀为敛尸用玉外，其余均为装饰品，且墓地出土玉器的数量、种类和质量已经成为墓葬和聚落等级的标识。

1 玉玦；2、3 玉环；4、6 玉璜；5 异形玉璜；7 玉琀；8 玉项饰；9 玉璧

图 3.35 崧泽文化玉器

太湖流域在崧泽文化时期已呈现出强势文化区的特征，其高台祭祀遗存和大型墓葬遗址所反映的社会分层、阶级分化、宗教礼制等社会复杂化因素均表明该地区的文明化进程始于崧泽文化，并西进北扩，表现出强势文化向弱势文化的渗透与扩张，初级王权已经产生。崧泽文化玉器中尚未发现良渚文化玉器那样大量的玉礼器，但龙首纹小环、小玉璧、玉钺等玉器开始少量出现，很可能为良渚文化玉琮、玉璧和玉钺的初级阶段。崧泽文化的大型墓葬中发现随葬玉钺，却不见玉琮和玉璧，表明崧泽文化时期强化的是"军权—王权"，而良渚文化走的是"神权—王权"的道路。同时，与性别特征相关的重器从标识女性的璜向标识男性的钺转变，这背后也反映出母系氏族社会向父系氏族社会过渡的阶段中，男性控制地位和世俗权力得到了巩固和加强。

信仰的造型，早期以简单的抽象和写意方式表达，寻求的是让观察者跟着传达者的表达而发生流动性思考，但这也导致不属于同一族群的人们看不懂图案的含义，如夹在凌家滩玉龟壳中间的玉版上的八角星纹，有人说它和星象学有关，也有人说它是"远古洛书和八卦"，很难解读其代表的崇拜对象。之后又在典型的形象基础上添加了细部形状，描绘古人对神灵的幻想，向具象与写实风格发展，寻求将传达者思考后的完整结果，尽量清晰地呈现在观察者面前，逐渐形成宗教美术的母题和范式，从而促进各族群原始信仰的交流和共通。随着信仰的普及化，匠人们配合礼仪的需求，创造出许多精致的礼器。

在长江北岸的南京江浦营盘山发现过一件可以和红山文化女神头像媲美的崧泽文化时期的陶塑人面像（图 3.36），它被史学家命名为"金陵先祖"。该陶塑像高 9.8 厘米，前额宽平，眼睛深凹狭长，微弯曲，眼眶粗大，头戴冠，冠上浅刻纹饰，冠角正反

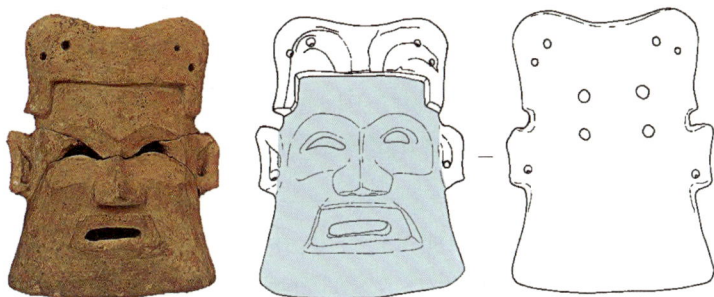

图 3.36 南京江浦营盘山出土的崧泽文化戴冠陶塑人面像

两面均穿小孔。从面部特征分析应为男性，可能是当时的氏族首领或巫师的形象，其风字形冠和阔嘴造型与良渚文化神人兽面纹的头部有几分相似。头顶冠角均留有小孔，推测可在插羽或茅草等装饰物之后形成冠冕。陶塑人面像的发现反映出崧泽文化时期的原始信仰已由自然崇拜向祖先崇拜过渡，祖先神神态自然，面部写实性强，体现的是生者对逝者的祭祀，也表明此时已进入父系氏族阶段。

### 2. 神崇拜载体由陶器向玉器转换

崧泽文化和良渚文化在不同的社会形态基础上，各自发展出一套独特的纹饰系统。崧泽文化的纹饰以刻在陶器上的丰富多样的编织纹为特色，显示出朴实自然的崧泽风格。从崧泽晚期到良渚早期，神崇拜载体由陶器向玉器转换，尚玉习俗初成风气。随着崧泽晚期阶段社会各方面的发展突变，新的玉器造型不断涌现出来，为良渚文化玉器的辉煌奠定了基础，自由奔放的崧泽之美逐渐被规范细致的良渚之美取代。从纹饰看，崧泽文化时期陶器上的圆和弧边三角组合图案、花瓣足、深凹弦纹在良渚早期经常出现。从器物形态上看，崧泽晚期的扁凿形鼎足、鼎腹外带腰沿或凸棱、筒形小杯、双腹豆等，也都可在良渚文化早期中找到同类器。就陶器组合而言，良渚文化早期的鼎、豆、罐、壶、盆器物组合均与崧泽文化晚期相近。由于崧泽文化与良渚文化之间不存在文化缺环，因此良渚文化的许多文化因素和文化现象在崧泽文化时期都已初见端倪。

在崧泽晚期向良渚早期过渡阶段，已经出现了玉人形象。玉人均戴高冠和方巾，颜面方正，做屈蹲状或托举状（图3.37）。江苏高淳朝墩头12号墓出土的人、鸟、兽、三角形饰组成的玉组合器，年代处在崧泽文化，人像之冠帽结构和整体造型均不见于良渚文化，自身特征鲜明，而鸟、兽部件的重圈眼雕琢似乎又具有良渚文化早期玉器的风格。赵陵山的玉人，立面呈扁平状，姿势夸张，上肢向后伸展、双手托举兽臀，兽吻又顶着蹲踞于玉人冠顶之鸟，有学者曾将其上人、鸟、兽与琮的人、鸟、兽纹样联系，不无道理。① 这类玉人形态迥异，从其虔诚的表情和特别的姿势，推测为当时祭祀时巫师的形象，与以神人兽面像为主体的良渚文化玉器断然有别，在之后的良渚文化玉器中均没有再现，势必另有源头，但逐渐被新的信仰所迭代。

1. 江苏高淳朝墩头 M12 玉人；2. 烟墩山 M9 玉人；3. 张陵山 M5:16 玉人；4. 赵陵山 M77:71 玉人

图 3.37　崧泽—良渚文化过渡期的玉人

---

① 方向明. 崧泽文化玉器及其相关问题的研究. 东南文化，2010（6）：92-93.

### 3. 最具代表性的装饰纹样 ——圆和弧边三角组合图案

崧泽晚期陶器上最具代表性的装饰纹样——圆和弧边三角组合图案，其典型形态以圆为中心，两侧对称剔刻弧边三角，弧边三角有饱满状与尖喙状，排列有平行与斜向之分。其形式似乎是对竹编物六角形编织法镂空部分的模仿。[①]（图 3.38）

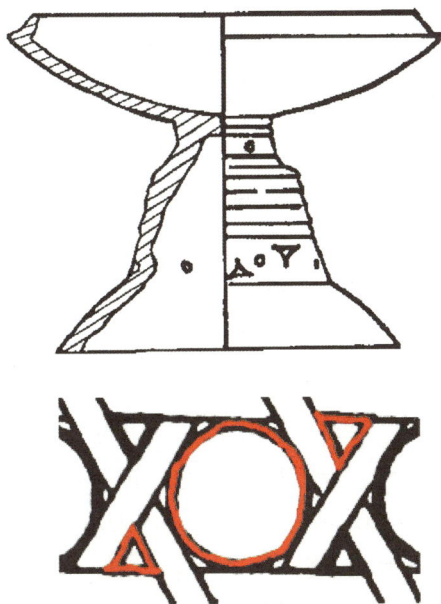

图 3.38 崧泽文化陶豆上的编织纹和竹编物对比

艺术来源于生活，先民们在编织物不断重复的图案秩序中获得视觉美感，于是将这类图案应用到日常器物的装饰美化中。尽管源于编织纹，但陶器几何纹样比之更复杂、更抽象，应该是当

---

① 盛起新 . 崧泽文化纹饰对良渚文化的影响 . 东南文化，2014（5）：65-77.

时人们在现有技术的基础上进行的艺术加工和想象。王仁湘在对彩陶图案的研究中认为，图案是史前人精神生活的一种形象寄托。就彩陶图案而言，首先是写实为主，而后写实的对象被图案化，"某些特定的几何图形都是一定客体的象征，它们实际上成为了某些客体的代号"[①]。崧泽文化的编织纹多刻或压印在罐、壶、杯、盘这些器类的外壁或口沿，或镂刻在豆把、圈足和假腹，有些刻在器底的纹饰也与竹编物底部相似，这种情况一直延续到崧泽文化—良渚文化的过渡期和良渚文化早期，良渚文化早期的编织纹资料出现最多的地区以崧泽文化积淀较深的太湖东部和东南嘉兴地区为主。编织纹对良渚玉器纹饰也产生了一定影响，如瑶山玉琮（M10:16）的神人纹头上弦纹带冠帽之间刻的即是编织纹；瑶山玉牌饰（M7:55）和反山璜（M16:3）的透雕兽眼是与陶器上圆和弧边三角组合图案类型编织纹最相近的例子，自良渚文化早期开始也转用到玉器之上，且逐渐成为一种图形符号（图3.39）。

圆和弧边三角组合图案于崧泽文化中晚期开始盛行，在典型器物，如罐、壶、盘、豆上都有出现，主要集中在豆把、盘上，有时也出现在罐身（图3.40）。圆一般用管状物旋压而成，或透穿或不透穿，弧边三角实际上为凹弧边，其中贴近圆的那条凹弧边基本与圆同心，而另两凹弧边则呈飞翼形，弧边三角均刻剔而成，也有透穿和不透穿之分，这一图案通常与螺旋纹相伴出现。就其盛行的时间和空间的广度来说，应具有某种约定俗成的重要意义，即圆和弧边三角组合图案极有可能是崧泽—良渚平民普遍信仰的标志或图符。

---

① 王仁湘 . 史前中国的艺术浪潮——庙底沟文化彩陶研究 . 北京：文物出版社，2011.

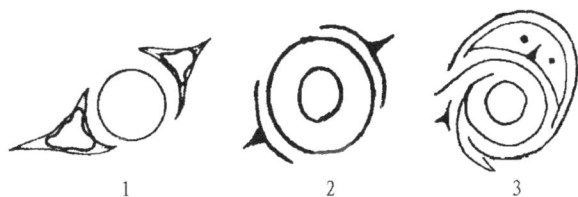

1. 瑶山牌饰 (M7:55)；2. 反山琮 (M17:2)；3. 瑶山三叉形器 (M3:3)

图 3.39 良渚文化早中期玉器上的圆和弧边三角组合图案
（图片来源：《东南文化》，2014 年第 5 期）

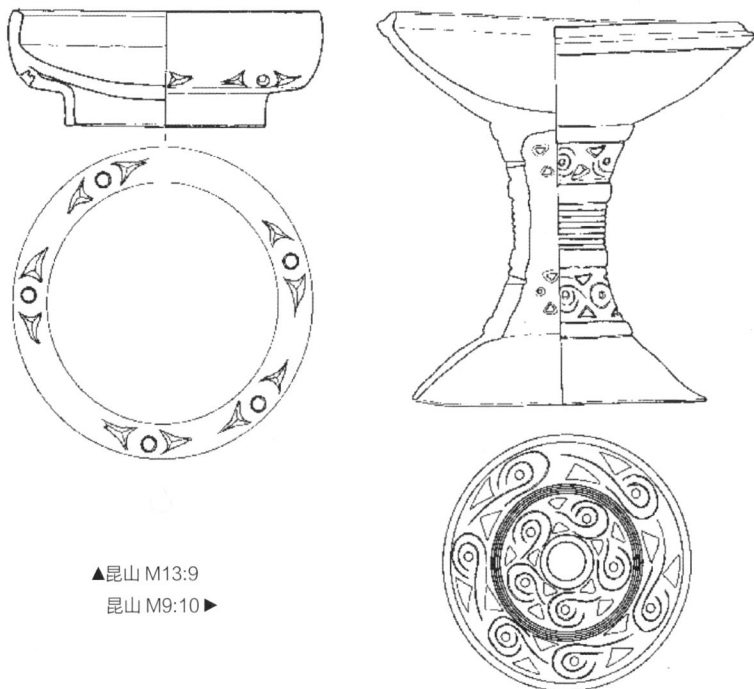

▲昆山 M13:9

昆山 M9:10 ▶

图 3.40 崧泽文化晚期陶器上的圆和弧边三角组合图

在崧泽文化中晚期至良渚文化早期，圆和弧边三角组合图案几乎成为陶器上最主要的装饰主题，其寓意可能与太阳崇拜相关。它的重圈圆可溯源至河姆渡文化与大汶口文化，其整体内涵为太阳纹，而弧边三角作为重圈圆的附属，其寓意为太阳的光芒，相伴而出的螺旋纹应为云气的意象。从崧泽中晚期到良渚早期，这一图案的组合元素不变，即内容固定，但形式上一直发生着变化。更为重要的是，当陶器上这一组合图案在良渚文化早期式微时，却在良渚文化玉器上赫然出现了，成为兽面纹大眼的构成要素。方向明和梁丽君等学者发现："通过对于良渚玉器神人兽面像刻纹的细部分析，还可以进一步发现，以重圈眼为中心的兽面大眼，其斜上下的小尖喙实际上也是这一图案（圆和弧边三角组合斜向排列）的发展，甚至于神人眼角的尖喙刻画都有这一图案的踪迹，这样一来，圆和弧边三角组合图案的意义就显得非同寻常了。"[1]

### （四）良渚文化：东亚新石器时代晚期玉器文明的辉煌

从上山文化开始，长江下游及东南沿海地区就形成了种植水稻、驯养家畜、制作陶器、建造房屋的定居农业生活方式。河姆渡、马家浜、崧泽文化时期，稻作农业已初具规模，形成水田稻作的基本模式。到良渚文化时期，稻作农业由于种植规模、田间管理和水网设施的日益精进而得到前所未有的发展，社会财富迅速积累，促进了手工业的进一步分工，漆器、黑陶和玉器发展均达到巅峰，为良渚文化的快速崛起创造了丰厚的物质基础。随着良渚遗址群和周边大型聚落群规模的扩大，贫富分化加剧，金字

---

[1] 梁丽君. 崧泽、良渚文化三大纹样母题研究. 南京：南京大学，2011: 35.

塔式阶层的复杂社会形态形成。良渚古城的统治者为获得多元、多层次的族群认同，通过对原始宗教和信仰的控制，建立以"礼制"为重要内容的玉礼器及用玉制度，形成集体文化认同，从而实现神权和王权紧密结合的巫政合一的社会统治。这种文化认同和治理认同，使良渚社会的组织能力和内在的凝聚力得以强化，良渚文化率先迎来中华文明的曙光。

从考古学的发现来看，原始宗教在良渚文化中占有突出的地位，良渚社会处于巫师和神权统治的控制之下，具有神权社会的性质。良渚文化玉器是一种宗教礼器，是获得良渚人集体认同的"文化符号"，玉器上的纹饰不仅表达了良渚人的宗教信仰，也是良渚人思想观念与审美意趣的重要反映。在良渚文化时期，玉器的制造工艺和文化内涵发生了根本性转变，包含宗教、政治、军事、礼制等诸方面的重要内容，与中华文明起源阶段社会等级的分野、集中权力的形成、礼制的规范化、社会资源的掌控、大型土木工程的营建以及"天人合一"东方理念的形成，都息息相关。玉由巫觋事神的法器上升为代表权力、等级和财富的玉礼器，成为良渚社会权力和信仰的集中体现。因此，良渚文明是具有高度发达的稻作农业特征的文明，这种湿地稻作农业有别于黄河流域黍粟旱作农业，也异于西方的麦作农业，是良渚文明区别于其他文明的重要特征之一。

在良渚文明中，神权至高无上，良渚人创造了以琮、璧、钺为代表的成组玉礼器系统和统一的神灵形象，通过对神权的控制，建立起巫政合一的统治体系。良渚文化墓葬中的"玉殓葬"现象显示出复杂而严格的用玉制度，是社会分层的物化表现。成组玉礼器浸润了礼器化、符号化、政治化的特点，作为拥有者身份、等级和地位的标识，成为维系良渚社会政权组织的主要手段和纽带，进而反映出礼制和信仰在维系良渚社会秩序中的作用，拉开了中国礼制文明的帷幕。

### 1. 神权与王权

良渚文化处于氏族社会向文明社会的过渡阶段，良渚文化的聚落群反映的社会形态是国家的雏形，类似于独立的"城邦"。在以良渚古城为中心的良渚文化中心区域之外，环太湖地区分布着浙江桐乡新地里、姚家山，江苏昆山赵陵山、苏州草鞋山及张陵山、江阴高城墩、常州武进寺墩，上海福泉山、吴家场等良渚文化"城邦"，也发现了随葬琮、璧、钺的高等级墓葬，从而构成良渚文化分布空间上的中心与次中心。不同等级的聚落和墓葬遗址表明良渚文化社会结构的多元化和复杂化。

在良渚文化墓葬中出土了大量与宗教祭祀活动相关的玉器，显贵的墓中还普遍随葬玉琮、玉钺和石钺。我们认为墓主人"握琮"是掌握"神权"，"秉钺"是掌握军权，这是神权社会"国之大事，在祀与戎"的真切反映。钺是由生产工具类石斧演变而来的兵器，是军权和王权的象征。良渚文化中玉石钺的大量存在，表明良渚社会的权力中枢中，军权、王权和神权是合为一体的，军权和王权虽然占有一定的地位，但神权仍是最高号召。琢刻于余杭反山12号墓中玉钺王上的神人兽面纹和鸟纹，证明了能行使军权和王权的人，即是能沟通天地，掌握祭祀大权的巫觋。张忠培认为，良渚文化社会政权的性质是神权最高、军权居次的神王国家。他从考古学实证出发，详考良渚遗址以琮、钺为中心的出土文物，论证其所见证的良渚王国即中国最早产生的国家形态之一，是既控制神权（以琮为标志）又控制王权（以钺为标志）的神王之国。牟永抗指出："兵器及工具的神化，使得琢玉工艺及其制品的占有者，凭借神的力量成为显贵阶层，并建立起自己的世俗统治。礼原先作为一种事神致福的社会行为，主要协调人、神关系的职能，已经发展成反映人与人之间等级关系的法规性制度，这就是统治中国数千年的礼制。"① 这也是良渚文明的基本模式。张敏认为，良渚文化在向古国文明迈进的历程中，通过良渚人对周边地区的征服和掠夺，获取了大量生产资料和劳力资源，从而使良渚文化迅速崛起。当太湖周边地区都成为考古学文化空白区，即失去征伐和征服的对象之后，良渚文化的社会组织和社会结构开始急遽转型，玉琮和玉璧充斥整个良渚文化圈的上层社会，表明王权的弱化和神权的强化，良渚文化迅速形成多元统治的神权社会。②

### 2. 图像与信仰

玉器是承载远古先民集体认同的"文化符号"的实物载体，是无文字时代的人们探索文化发展脉络最为重要的线索。玉器上的纹饰，反映了当时当地的远古先民的思想观念、宗教信仰和审美意趣。通过对玉器纹饰发展脉络的研究，不但能领略到不同时期、不同器物上的纹饰艺术风格，还能看到这些纹饰的动态演化规律，从中窥探远古社会观念的更迭。透过良渚文化玉器上的神人兽面纹，我们看到了5000年前良渚人信仰和敬畏的神灵形象，从龙首纹到兽面纹，再发展至神人兽面纹，纹饰的嬗变见证了原始崇拜从自然崇拜发展到祖先崇拜的演进过程，将崧泽文化到良渚文化时期社会观念更迭和原始宗教信仰的演变再现于我们眼前。

在良渚遗址群最具代表性的反山、瑶山高等级墓地中，出土了大量具有宗教礼仪和装饰功能的玉礼器，品种多达40余种。

---

① 牟永抗. 牟永抗考古学文集. 北京：科学出版社，2009.
② 张敏. 倏而来兮忽而逝——远逝的良渚文化与远古文明. 湖南考古辑刊（第13集），2018（1）：16.

这些精妙绝伦、凝聚了无数人心血的玉器，专业化程度颇高，其制作需要在浓厚的宗教氛围和严密的组织内进行，且被贵族阶层所垄断。如果说玉器的种类和形制代表了各聚落群等级、资源配置和工艺水平的差异，那么琢刻于玉器上的神秘精致的纹饰同样也是这种差异的反映。

良渚文化高等级权贵墓地中女性的地位不及男性，女性人数也逐渐衰减，这一变化体现在男女墓葬数量和出土璜、纺轮等女性墓葬的特征器物上。璜是崧泽文化时期体量最大的玉器，为女性墓葬所特有，良渚文化中后期，璜退出了玉器组合的舞台，说明男权已经占据了绝对的主导地位。

玉礼器上琢刻的纹饰是表征良渚玉器等级和层次的一个重要方面，体现了原始宗教神灵崇拜的本质，而玉器上的纹饰象征着原始宗教灵魂的依附，给玉器平添了许多深刻的文化内涵。在崧泽文化晚期向良渚文化早期过渡的阶段，出现了以环形玉器为主要载体的龙首纹，以及相关的变体形式，这些纹饰有着与神人兽面纹共出的现象，良渚文化中晚期之后，龙首纹渐渐阙如。龙首纹始于崧泽文化晚期，如常州青城墩遗址71号墓出土的崧泽文化玉龙，同时期的红山文化和凌家滩文化也有龙形玉器出现，龙首纹玉器的出现不仅反映了区域间的文化交流与影响，也为研究原始宗教从多神到一神的融合过程提供了宝贵资料。在神人兽面纹的起源与演变过程中，一些龙首纹的构成元素植入到兽面纹中，如前文提及的瑶山玉璜（M4∶34）上尖角眼的兽面纹架构起龙首纹与兽面纹之间的桥梁，不过尖角眼马上被月牙形"眼睑"（耳朵）所替代了。

除了龙首纹元素的植入，兽面大眼也受到了滥觞于崧泽文化中晚期的圆和弧边三角组合纹样的直接影响，以瑶山玉牌饰

（M7:55）最为典型。这是一件平面透雕兽面纹的玉牌饰（图3.41），兽面的眼睛采用透雕和阴线刻相结合的表现手法，对钻圆孔为眼球，两侧斜上下以线切割法缕孔，对称剔刻弧边三角，再以阴线刻划外轮廓，组成整个兽面的眼部结构。

发展到良渚文化的中期早段，兽面纹演进为冠帽、颜面、四肢俱全的神人和卵目獠牙的兽面结合在一起的神人兽面纹。完整的神人兽面纹在良渚中期早段之后，就根据载体的不同发展出两种不同的省减趋势。因此，纹饰与器形是否对应，是鉴定良渚文化玉器年代的重要标尺。

琮是巫觋以玉事神的宗教法器，是掌握"神权"的标志，因此，玉琮成为良渚文化最为重要的玉礼器，有着独特的形制与纹饰。就其流行的形制特征而言，大致分为三类。第一种就是出现在早期和中期早段的镯式琮，该类型的玉琮呈圆筒形，外部没有

图 3.41 瑶山玉牌饰（M7:55）

（图片来源：《瑶山》，文物出版社，2003 年）

明显的四角，中间有对钻形成的圆孔，孔径偏大不宜作为玉镯穿戴。镯式琮的琮体不分节，两端稍突似射，外壁有浅浮雕形成的四块对称的长方形弧凸面，各有一组阴线琢刻的兽面纹，为年代最早的兽面纹式样，如张陵山镯式琮（M4:2）、瑶山镯式琮（M9:4 和 M10:15）（图 3.42）。第二种就是中期常见的扁矮形玉琮，此类玉琮呈现出扁矮的方柱形，内圆外方，上大下小，圆孔对钻而成，蕴含了良渚人"天圆地方"的宇宙观，圆象征天，方象征地，琮兼具方圆，象征天地的贯通。孔壁一般都高出其外围的四个方角，琮体中部有一条横槽，将玉琮分为上下两节，以转角为中轴线、四角上下并列的神人兽面的单独或组合纹饰构成，或繁或简，对称工整，如反山琮王（M12:98）。第三种则是晚期的多节高体玉琮，玉琮呈现出方柱体长筒形，内圆外方，上大下小，中有对钻圆孔，两端孔内有台痕，外表两端为方圆形的射口，如寺墩 3 号墓随葬的 33 件玉琮中，高度超过 10 厘米有27 件，最高的琮（M3:26）高达 36.1 厘米。

就其纹饰特征而言，良渚文化玉琮上的纹饰主要是神人兽面纹。牟永抗发现，神人兽面纹图像从非常繁复的完整图像到极其简约的象征图形，有一个基本完整的发展序列，最先被省去的是阴线刻的双臂和浅浮雕的兽面阔嘴的獠牙，接着是神人及羽冠，然后是细阴线刻的利爪，再是兽面的简化。这种变化的轨迹在玉琮上看得最为清楚，他指出："在所有良渚文化玉器上，自始自终能够比较完整地反映这种序列的，只有玉琮一种。显示了良渚玉琮和神人兽面像之间，存在某种不可分割的联系。"[1]

玉琮的功能和象征意义是不断发展变化的。良渚社会早中

---

① 牟永抗. 前言 // 浙江省文物考古研究所，等. 良渚文化玉器. 北京: 文物出版社，1990: 前言.

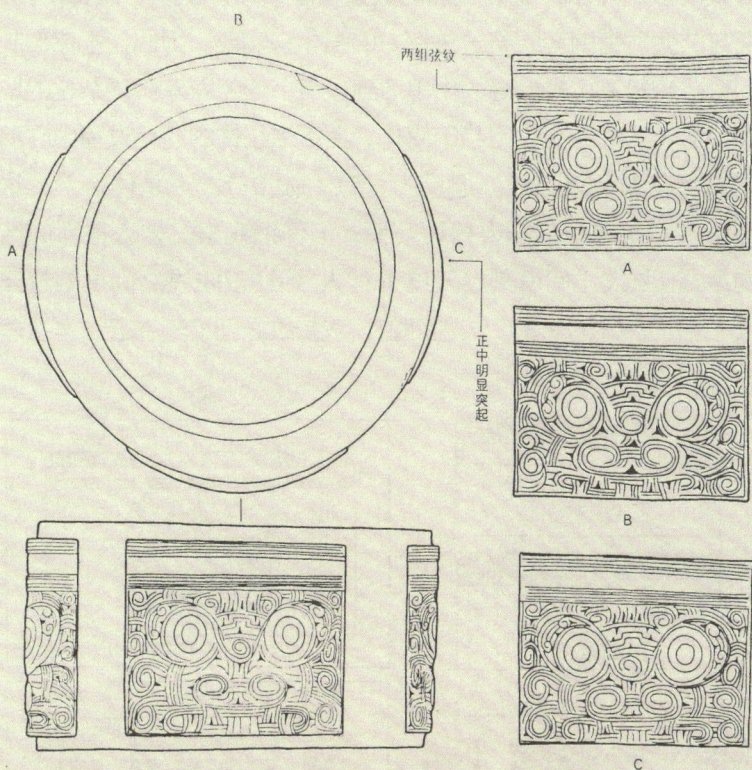

两组弦纹

正中明显突起

A

B

C

图 3.42 瑶山镯式琮（M10:15）俯视与各面纹饰细节

（图片来源:《瑶山》，文物出版社，2003 年）

期，琮是"神权"的象征，是良渚先民所创造的物质文化和精神文化的精髓。到了良渚文化晚期，随着社会的进一步发展，玉所具有的财富价值被不断认可和强化，人们开始追求高琮、大璧、大钺的形制需求，随葬玉琮的数量增多，琮体变长，纹饰简化，而对社会财富的垄断将通过权力的强化来实现。因此，玉琮形制的变化趋势是由矮到高，由单节到多节，伴随着琮体复杂化的发展趋势，纹饰的变化则趋于简化。在玉琮纹饰的简化过程中，羽冠被简化为两束弦纹。但反山玉琮（M20:122）是件特例，这件玉琮虽是典型的神人兽面节面，但仔细观察，神人兽面的结构是"双弦纹之间填刻卷云纹＋神人"和"双弦纹之间填刻卷云纹＋兽面"（图3.43）。一般而言，双弦纹之间填刻卷云纹可以理

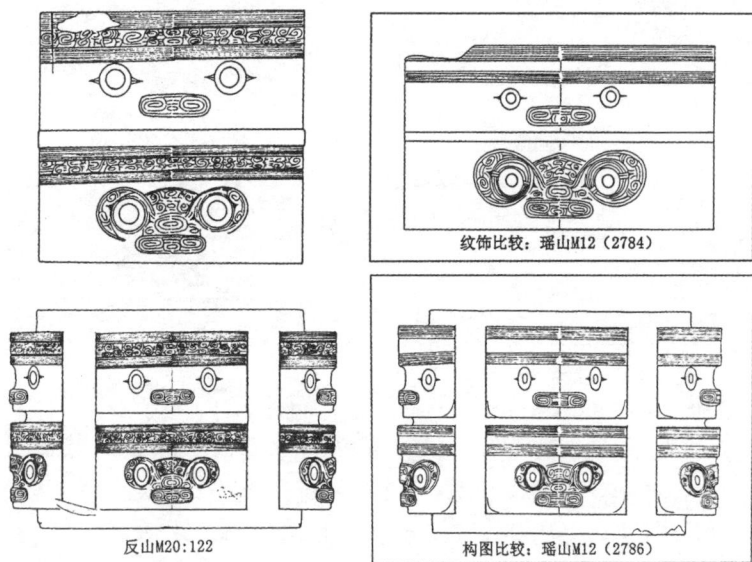

图3.43 人和兽均自带羽冠的特例——反山M20:122与瑶山M12玉琮的比较
（图片来源：《瑶山》，文物出版社，2003年）

解为是神人羽冠的变体。像这件玉琮这样，人和兽均自戴羽冠的例子，目前能比对的仅瑶山一例。

良渚文化创造了东亚新石器时代晚期玉器文明的辉煌，玉器纹饰对后世的商周纹饰产生了深远影响，以兽面纹、鸟纹、卷云纹的表现最为突出。良渚玉器式微后，其纹饰在青铜器上大放异彩，成为商周主流纹饰。陈洪波认为，兽面纹传统由良渚传至夏商周，其载体并非简单地由玉器传至玉器，而是逐渐由玉器转向青铜，这说明以兽面纹为代表的神权与对特殊资源的操控有着密切的关系。良渚至商周，神权、宗教、政治一脉相承，当对资源的操控由玉转向青铜时，宗教重器随之从玉器变为青铜器，而反映了神权宗教的以兽面纹为代表的纹饰也由玉器转移到青铜器上。李学勤也指出，商代饕餮纹继承了史前时期的兽面纹，这不仅是一种艺术传统，而且传承了信仰和神话，是中国古代文明史的研究中值得注意的问题。方向明指出："良渚玉文明以玉器的品质和数量、种类和组合、精雕细琢的神像和纹样为准则，形成了一整套能体现墓主人身份等级和地位的用玉制度。玉器制作需要消耗大量的社会生产劳动力，支撑玉器的原始宗教和信仰需要得到全社会各阶层的广泛认同，玉的矿物学属性需要上层阶级掌握和控制这一特殊资源的来源和分配。因此，良渚玉文明是一种以精神领域的认同为基础，通过特别资源的掌握和生产的原始宗教文明。"[1] 同时，他也指出精神领域要认同，玉料资源要掌控，琢玉工艺要神秘，用玉制度要权力，这些就是限制良渚玉文明因子影响和扩散的综合因素。

---

[1] 方向明.琮·璧 良渚玉文明因子的接力与传承.大众考古，2015（8）：41.

### 3. 衰落与去向

良渚文化在如日中天之际，突然在距今 4300 年这个拐点戛然而止了，这成为一直困扰学术界的谜题。从夏朝至商朝中前期近 1000 年时间内，长江中下游地区基本上是荒无人烟，没有留下任何大型的聚落文化遗址，形成了考古学上的"文化断层"①。良渚文化的消失之谜，引发了学术界的激烈讨论，主要有气候恶化说、史前大洪水说、海平面升降、战争说、资源枯竭说、暴发性大瘟疫说等观点。

朱丽东认为，良渚文化消亡于海平面回升期，受多种环境恶化因子的剧烈冲击而衰落。他根据浙沪苏地区良渚考古资料和海平面变化的研究，指出良渚文化是基于海面由高至低，气候温暖湿润，依托于崧泽文化而发展起来的濒海文化。"海面下降—低海面—海面回升"的过程推动了良渚文化由兴起到繁盛再到衰落的演替过程，反映出史前文化演变与自然环境变化之间的耦合关系。高海面的下降期和温暖湿润的气候，促进了良渚文化的兴起与发展；低海面和温干型气候，加快了良渚文化的繁盛；而在低海面向高海面演进过程中，水环境异常、降温等多重因子的叠加最终加速了良渚文化的解体和衰落。②

张明华认为，海平面上升固然不利，阻滞了河水的东排，但良渚文化突然消亡的主因是大雨引起的江河泛滥和特大洪灾。③他根据先秦古籍关于史前大洪水的叙说，以及良渚遗址文化层之

---

① 文化断层：古人类在某一地区生存居住时，会在自然沉积的地层上形成一个包含文化遗物的地层，称为"文化层"。当人类继续在此文化层之上生活时，会在原来的文化层上堆积起另一文化层。如果有一段时期没有人类在此生活则会堆积起一层自然沉淀地层，称为"自然层"。某地区古人类持续发展，则会在地层中留下连续的文化层。但是，有些考古遗址中出现不连续的现象，在地层中文化层堆积序列中出现了自然层，则表明在自然层形成期间，该遗点上的古人类发展出现了中断，这一自然层称为"文化断层"。
② 朱丽东，等．良渚时期文化发展与海平面变化．地理科学进展，2011，30（1）：121-128.
③ 张明华．良渚文化突然消亡的原因是洪水泛滥．江汉考古，1998（1）：62-65.

上的淤质土堆积分析，得出当地曾经发生过前后间距很近的三次洪灾的结论。在洪水的施虐下，良渚人最终逃离家园。

蒋卫东，认为良渚文化的兴衰与自然环境的变化密切相关，良渚文化时期稻作农业已成为太湖流域的基础产业，它的丰欠对良渚文化的兴衰有着举足轻重的影响。太湖流域由于地处长江下游，又受到独特的浅碟形洼地环境和亚热带季风气候的影响，洪水导致的积涝使稻作农业受到严重影响，同时，人口激增、无节制的大量非生产性投入增加了良渚社会的压力，导致了它的衰亡。①

李伯谦认为，神权高于一切是良渚古国走向消亡的根本原因。第一，掌握神权的巫觋集团，无节制地将社会财富大量挥霍于非生产性的宗教祭祀建设和活动上，阻碍了社会的可持续发展。第二，掌握神权的巫觋，靠神的意志和个人想象来治理国家，并不具备管理国家的实际能力，这是良渚古国灭亡的重要原因之一。②

良渚文化凭空消失后，至今还找不到一个可资证明是其后裔的承续文化。过去人们认为良渚文化的后继者是马桥文化，但两者之间有相隔数百年的缺环，缺乏明确的继承关系。之后考古学界又确认了钱山漾文化和广富林文化，它们正好衔接起良渚文化和马桥文化，但钱山漾文化和广富林文化已经有不少北方的因素，由此可知继良渚文化中断后环太湖流域的古文化开始衰落并边缘化。

朔知对良渚文化陶器进行了细致分析，然后运用类型学方法和地层关系进行分期，并总结了良渚文化的去向，认为在天灾人祸和内外交困的压力下，良渚文化从三期六段开始，渐渐萎缩分

---

① 蒋卫东. 自然环境变迁与良渚文化兴衰关系的思考. 华夏考古，2003（2）：38-45.

② 李伯谦. 文明探源与三代考古论集. 北京：文物出版社，2011：51-52.

化，其中一支良渚人沿着曾经有过文化交流的路线南迁，经浙西南山地丘陵间的狭长河谷向赣北盆地沿途传播，并在赣北盆地扩散，与当地文化多元复合，最后在广东曲江石峡形成一个融聚点。良渚文化本土的一支也渐趋衰亡，最后融于马桥文化所属的先民之中，并与他们共同创造发展了马桥文化。另外一支迁往北方，跨过长江北岸在淮北新沂的花厅形成聚结。花厅遗址出土的琮、钺等遗物中包含重要的良渚文化因素，由此可推测出当时墓主为良渚文化的一支远征队伍的遗留。良渚人及其显贵人物在千里之外的异域出现，很可能是良渚文化逐鹿中原的结果，战败后，良渚文化就融于中原、山东等地的文化之中。①

　　良渚文化在中国早期文明形成过程中起着相当重要的作用。夏商文明中吸收了不少良渚文化因素，如琮、钺和兽面纹已成为夏商文明礼仪制度中的一个重要组成部分。近来有学者提出，夏文化萌生、崛起于东南，并认为二里头文化中的良渚文化因素是夏与东夷之间交流的结果。程鹏指出，夏王朝（夏启至夏桀）位于中原地区（豫西晋南），但先夏的一系列国家大事却发生在东南地区，以古文化迁徙的思路可分析推测出良渚文化北迁，与中原地方文化逐渐交融发展并一起形成夏文化。② 鼎是指示这种文化交融的器物，它从寻常的炊器逐步演变为礼器，最终成为国家权力象征的"国之重器"，成为夏商周时期国家政权的象征。良渚文化的鼎，从器形、风格、文化内涵上，都与青铜鼎存在着密切的联系。用玉琮、玉璧等玉器随葬是良渚文化时期的一种葬俗，结合《周礼》中"疏璧琮以敛尸"的记载可推出这一礼制的渊源来自于良渚文化的"玉殓葬"。

---

① 朔知. 良渚文化的初步分析. 考古学报，2000（4）：421-450.
② 程鹏，朱诚. 试论良渚文化中断的成因及其去向. 东南文化，1999（4）：14-21.

## 四、良渚玉器的美学特征

在中华文明多元一体格局下，艺术的发展亦具备同样的特质。只有在相对封闭的聚落中，文化与艺术才有聚拢的条件，才会在发展与演变中形成不同的风格和特征。在同一文化圈内部，人们的经济基础、生活方式和观念信仰具有相似的特征，即使是彼此文化属性不同的原始族群，也可能会拥有相似的信仰，使用相同或相似的器物与装饰，随着时间发展，这种多元一体现象愈发明显。在一元化的基础上，又有多样性的表现。众多可被称为史前艺术品的陶器、玉器、漆器、牙骨器等，所选取的装饰题材虽然相同却风格相异，如出现在不同器物上的鸟、猪、龙等动物纹饰即为艺术多元性和多样性的具体例证。

"仓廪实而知礼节"，积淀了礼治内涵的良渚文化玉器创造了长江下游地区史前美术的繁荣景象，与黄河流域的史前艺术形成多元发生和多样并存的现象。无论在艺术创作上，还是在观念形态上，良渚玉器都代表着原始社会一定时期的物质生产与精神文化的发展水平，代表着新石器时代晚期各区域的先进文化特征，为中国传统文化和艺术观念的建构奠定了基础。

### （一）在艺术创作上渗入了浓厚的宗教和等级观念

新石器时代晚期，伴随物质生活水平的提高，在精神生活领域，巫术礼仪与图腾信仰也普遍出现于各地的原始文化之中。通过占有稀缺材料、使用特殊形制和纹饰的艺术品以区分等级和权力的方式，在良渚文化时期表现得非常明显。张光直认为，从良渚玉琮上可以看出，当时巫术的流行与传播是普遍而长远的。德国哲学家、文化哲学创始人卡西尔认为，艺术与宗教都通过对形象的塑造来表现其象征意义，而最能表现情感与意志的恰恰就是程式化的仪式与宗教艺术。

巫术为史前美术的两个主要门类——绘画与雕刻的萌发插上腾飞的翅膀。以玉器为艺术载体的文化遗存反映了良渚人的审美意识、艺术形式、象征与风格，良渚人通过丰富的想象力创造了"神徽"这一信仰符号。宗教艺术的审美追求在某种程度上影响着良渚文化的玉礼器，并且产生了重要的促进作用，为良渚玉器的纹饰艺术增添了丰富内涵。

良渚文化玉器上的人物通常是威武勇猛、气度豪迈的样子，兽则面目狰狞，张牙舞爪，充满了神秘感和震慑力，这是良渚人对心目中神灵的想象。在中国古代神话故事和历史传说里，就有很多半人半兽的艺术形象，如炎黄子孙的祖先伏羲和女娲，以及大闹不周山的水神共工，都是人头蛇身的形象；伏羲的臣子句芒，黄帝的孙子禺强，则是人头鸟身的形象；还有相传炎帝是牛头人身的形象，身高数丈，威武不凡。神半人半兽的狰狞模样，在史前艺术的表现上大约是一个通例。

在良渚文化的遗存中，纹饰主要体现在玉器上，刻划符号大多发现于陶器上，这些都是无文字时代的先民采用原始艺术表现方式所作的历史记录，是研究史前艺术和远古社会观念形态的重要渠道。在长江下游地区，良渚文化玉器有着深厚的历史渊源，形成了马家浜文化、崧泽文化到良渚文化这一清晰的发展脉络。统治阶层通过对玉石资源、制品以及制作技艺等专门知识的占有和利用，发展出一整套以琮、璧、钺为代表的成组玉礼器，建立起巫政合一的用玉制度，从而创造了远古玉文化的繁荣，影响并促进了夏商周三代宗法玉制的逐渐形成。时至当代，玉文化的神性与王权意志虽已不复存在，但人们惜玉、崇玉、用玉的传统中还带有"君子服之，以御为祥"等远古时期玉文化的印记。

## （二）在艺术风格上呈现出不同于黄河流域的地域特色

原始人类从认识玉石的自然属性开始，在万物有灵的观念下赋予它特殊的文化与社会属性，被神化后的玉器成了巫祀礼仪中的通神法器，成为人们精神上的向往。自距今8000年的兴隆洼玉玦开始，玉器在中华大地上兴盛起来，北方的红山文化和南方的良渚文化都曾达到空前的繁荣，并在史前美术发展史上继彩陶之后掀起琢玉艺术浪潮。玉器在中华大地上的传播渗透与文化交融标志着古代华夏民族艺术思维与实践的趋同。

长江下游的良渚文化，在浓重的宗教巫术的氛围中将巫术、政治、艺术融为一体，从而使这个地区的史前美术发展获得了新的创作机制。遗址出土的玉器、陶器等文物，不仅数量众多、品种齐全，而且造型轻巧精致，纹饰繁复神秘，工艺出神入化，与同时期黄河流域的出土器物所表现出的饱满凝重、质朴无华的风格迥然不同。良渚文化的玉器艺术可以说代表了史前工艺美术的最高境界，其琢玉工艺正如考古学家云希正、牟永抗先生所说："良渚文化玉器在艺术上的创新之举是在坚硬的玉制件外表，成功地雕琢上了令人叹为观止的装饰纹样，突破了先前玉器光素无华的传统风格，从而极大地提高了玉制品的工艺水平。其表现手法有圆雕、半圆雕、浅浮雕、透雕和细如发丝的繁密阴线刻等。"① 良渚人艺术创造的基本方法是运用线条。刘远修认为："这一时期的线刻技术精湛，细密雕刻的阴刻纹饰较为多见，这种独特的雕刻工艺，既显示出长江下游先民较高的审美意趣，又为我们探讨史前美术造型的规律提供了宝贵实例。"②

### （三）在艺术表现上追求纹饰和器形的完美结合

我们在研究良渚时期玉器时，往往着重关注其形制与纹饰。"形制"意思是形状与构造，类似于今天说的"款式"，良渚文化时期主要有琮、璧、钺、璜、冠状器等玉器种类，每一器种的形制都丰富多样。假如说形制系器物之骨肉，纹饰便是承载于骨肉之中的灵魂。当时流行的有神人兽面纹、神鸟纹、龙首纹等典型纹饰，依据约定俗成的装饰惯例，填充在不同形制的玉器上。良渚人将玉器纹饰与形制之间的关系，表现得相辅相成而又统一协调，纹饰的构图和组织方式与器物形制巧妙结合，融实用与审美、技术与艺术为一体，在非自觉的艺术创造中表现出自觉的艺术追求，这种形制与纹饰完美结合的艺术表现手法，也是中国传统雕塑和工艺美术的特色。

从史前玉器纹饰艺术表现的演化规律看，玉器纹饰"由开始的重形轻纹、依形定纹，发展为形纹并重，直到后来的形纹分离"③。 这个艺术手法的演化过程，说明了纹饰作为一种符号语言，由最初的具象化的实体形制逐渐向抽象化、象征性演化发展的一般过程。伴随玉器的流行，独立纹饰与装饰纹饰日渐丰富，艺术风格变化多样。纹饰越繁复，层次越丰富，加工工艺的难度

---

① 云希正，牟永抗 . 中国史前艺术的瑰宝——新石器时代玉器巡礼 . 石家庄：河北美术出版社，1992: 33.
② 刘远修 . 论长江下游史前美术的特征、发展动因及对中国文明的贡献 . 美术，2007（4）: 118.
③ 蒋莉 . 先秦玉器纹饰艺术研究 . 太原：山西大学，2017: 12.

就越大，为了适应玉器品种和造型上的变化，需要将复杂的纹饰加以简化、抽象，取其典型的特征另组图形，但简化的原则和方法是不能偏离原型。以简代繁、以局部代表整体，是良渚人最常用的艺术表现手法，他们善于抓取神人或兽面最显著的特征，采用局部代替整体的表现手法，让纹饰逐渐趋向符号化发展。神人兽面纹是一种反映远古观念形态的美术作品，其纹饰艺术风格的演变能揭示社会意识形式的更迭。因此，一旦纹饰出现大改的情况，就很可能同时出现社会的巨大变革。在漫长岁月中，良渚文化圈内的神人兽面纹反映出整个社会在精神领域的高度认同，虽然神人与兽面的组合表现变化多样，但万变不离其宗。

纹饰构图的形式艺术包括纹饰组织形式和视角角度。[①] 在良渚文化玉器中，琮的设计最能体现良渚人超乎时代的审美和艺术表现能力。在巫术和宗教影响下，外方内圆的琮体设计代表了天和地，中间的穿孔则表现与天地之间的沟通，而在作为玉琮灵魂的神人兽面纹饰的构图上，良渚人也充分考虑到神人兽面纹在各个视角的图形呈现。玉琮造型上的内圆外方造就了器物本身对称折面的形态，"琮王"四角上有完全一致的以转角为中轴线对称展开的图案，图案分成上下两组相同的单元，总共 8 组。从转角的位置看过去，不难发现折角分别将神人纹和兽面纹一分为二，两个半边脸在对角处呈现为一个完整的纹饰。这样的细节设计增加了视角的多元化，从正面、侧面等不同的角度均能看到"神"的存在。这种既能将纹饰的构图适合于器物形制，又能巧妙地结合器物的折角处理将视角在二维空间和三维空间中转换的构图设计，给纹饰增添了立体生动的视觉效果。

---

① 陈咸益.玉雕技法.南京：江苏美术出版社，1999: 19-30.

在"琮王"四角对称展开的每个单元图案，都是由上部的神人节面和下部的神兽节面组成，形成"人—兽—人—兽"这样从上到下的排列顺序，在构图上使得原本静态的图案蕴含了动态的节奏美感。神人节面由"神徽"简化至仅以羽冠和脸面表现，但保留了神人最显著的特征元素——重圈眼和阔嘴，眼睛两边都用细线刻画了眼角，鼻子则结合转角凸起表示，上节的顶端有两条平行凸起的横棱，棱上刻了平行密集的弦纹，棱之间还密布着同神人风字形冠帽上一样的卷云纹饰，因此可以看作是对神人羽冠加以简化、抽象化的变体。下面的神兽节面是兽面的翻版，宽鼻巨目，有与"神徽"一样的眼睛、额头和鼻子，身体同样被简化掉了。

"琮王"转角上纹饰的组织形式和视角处理是良渚文化玉器的一种规律性图式，几乎在每一件玉琮上都能看到类似的表现，当然还有很多其他种类的玉器上也有，如反山玉柱形器（M12:87）上的六个神人兽面图像，可沿圆弧面铺展出平面连续纹样（图3.44），从这样极具规律的图案形式中，可以看出神人和神兽是互有关联且交替重复出现的两个形象，纵向和横向都形成具有节奏美感的"人—兽—人—兽"连续纹样，这大概是玉器纹样从单独纹样（神徽）到适合纹样（琮转角节面），再发展到纹样图案（柱形器展开图）的最早案例，反映出良渚玉器纹样在史前装饰艺术史上的特殊贡献。

此外，良渚人的雕刻技艺精湛，有圆雕、透雕、浅浮雕、阴线刻等雕刻技法，阴线刻与浮雕工艺完美融合，雕刻出层次丰富、结构严谨、和谐对称的纹饰。反山豪华玉权杖（M12:103）是良渚国王在宗教礼仪中使用的重器，其冠饰"瑁"，雕琢精细，纹饰华丽细腻，造型设计独具匠心，是良渚玉器中一件难得的

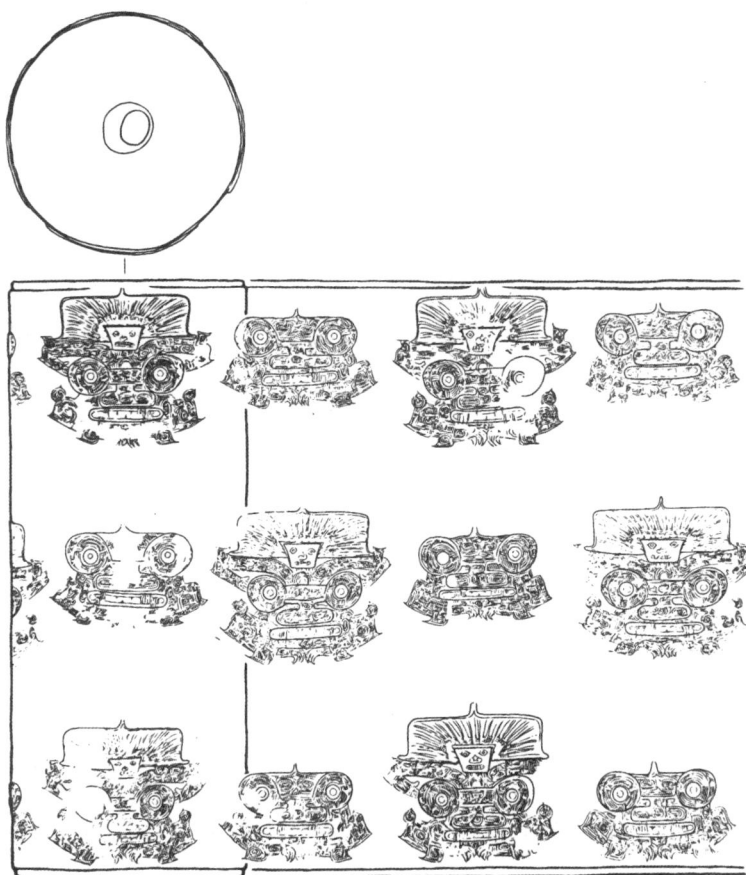

图 3.44 反山玉柱形器（M12:87）展开图
（图片来源:《反山》，文物出版社，2005 年）

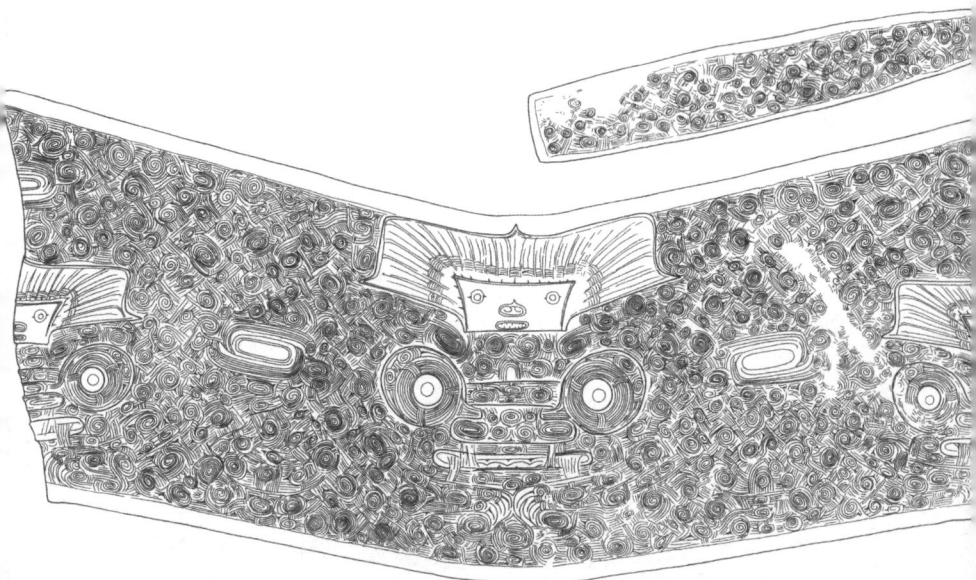

图 3.45 反山玉权杖（M12:103）瑁展开图
（图片来源:《良渚玉器线绘（增补版）》, 浙江古籍出版社, 2019 年）

艺术珍品。把"瑁"对折的两个面展开后是一个完整的"神徽"图案，在浅浮雕的"神徽"周围，还密布以勾连卷云纹为特征的阴线刻地纹，彼此浑然一体（图 3.45）。这种将阴线刻与浅浮雕结合形成多层纹饰叠加相称的效果，凸显出神人兽面纹主体纹饰的庄重感，而围绕"神徽"的繁复地纹烘托出主体纹饰的神秘气氛，不仅反映出良渚人精湛的微雕技法，也能让我们真切地感受到良渚人对神的敬畏与尊崇。这件珍品是良渚人在宗教和礼仪影响下创作的实用与审美结合，技术与艺术完美交融的艺术作品，其构图样式对后世青铜器装饰纹饰造型有着深远的影响。

冠状器和三叉形器是纹饰与器物结合最为密切的玉器。冠状器的造型就是"神徽"的介字形冠帽,从艺术表现手法上看,宽大的介字形冠帽轮廓是一个极具特征的图形符号,采用夸张的手法使其成为神性的象征(图3.46)。构思巧妙、立意新颖的三叉形器,作为男性显贵标识性玉器的头部装饰,其上雕刻神人纹饰,将人物纹饰修饰于器,实现器与纹的分离,打破了纹饰等同于造型这一人物类玉器构图的传统思维模式,表明良渚人已经摆脱人物纹饰的单纯意义,用之装饰于器。

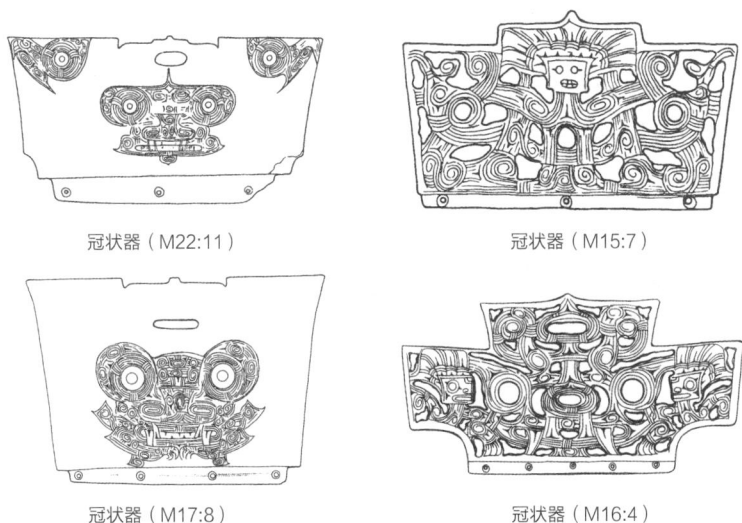

冠状器(M22:11)

冠状器(M15:7)

冠状器(M17:8)

冠状器(M16:4)

图3.46 冠状器上的介字形轮廓

(图片来源:《良渚玉器线绘(增补版)》,浙江古籍出版社,2019年)

### （四）在审美特征上凸显形式美法则

史前艺术有相当一部分受到原始宗教信仰的影响，甚至成为原始巫术礼仪和图腾活动的组成部分，体现着先民对世界的看法，这一点也是史前艺术与文明社会的艺术不同的地方。随着审美感受和经验的积累，人们形成了一些有明显特征的审美观念，比如对称与均衡、线条与色彩、具象与抽象等。

在万物有灵的原始宗教信仰下，玉是有神灵气息的，雕琢的式样与神性相关。玉是先民心中的神物，与神灵沟通的媒介，琢玉就是创造与神灵交流的渠道，而祀玉就是事神。正是在这样的原始审美和原始宗教信仰的双重作用下，整个良渚文化时期崇玉之风盛行，良渚人通过琢玉技艺表达强烈的精神信仰与审美追求，在玉器之上琢刻繁复而精细的纹饰进行倾诉。这一时期的纹饰构图讲究对称均衡，组织讲究秩序反复，风格介于神话与现实之间，具有浓厚的宗教色彩和神秘感。先民们并没有刻意遵循美学规范，但他们自然流露的艺术美感凝结和聚合了现代形式美的特性，人们将对事物的感性认知，演化为对美的理性追求。伴随着"巫"的地位衰落，留下的是玉器和纹饰本身以形写神，充满神性色彩所产生的内在精神美与静态美。在经历了具象到抽象、繁复到简化的美学进步过程后，玉器纹饰成为随着时空变化不断演化而来的装饰艺术形态。

### 1. 线的艺术

线是最原始、最纯粹的造型艺术语言。线的艺术表现力很强，其长短、曲直、虚实等形态变化能产生丰富灵动的视觉表现效果，能在变化之间传意，在组合之间传形。将多种不同形态的线条进行有序的组合排列，能产生运动、秩序和富有节奏的艺术美感。在原始艺术表达中，线就已经积累了丰富的美感特征，表现在它的外观形式美感和内在积淀的社会、文化内容中。半坡遗址出土的新石器时代人面鱼纹，在形式构成上，是一组点、线、面的组合体，在内容上体现的是高度抽象的图案符号所表达的图腾观念，是一个族群共同的观念象征符号和社会标识。

琢刻于良渚文化玉器上的纹饰线条形态多样，繁复细密，在富有创造力和审美意识的良渚匠人手中，通过无穷的变化与组合，线条刻出心中信仰和敬畏的神人、兽面、神鸟、龙首等神灵形象，辅以精湛的阴线刻和浅浮雕技法，形成视觉上的空间层次感，使神灵形象的主体特征更为凸显。线条的微妙变化构成了独具特色的形式美，自然流露的艺术美感与后人审美趣味有异曲同工之妙，虽历经千年沧桑岁月，仍给人以强烈的美感，展现了艺术永恒的魅力。

对线韵律的把握与创造，使良渚文化玉器纹饰成了"线的艺术"。

### 2. 对称之美

"纹"之所以能"饰"，依靠的是对称和均衡之美。对称之美源于自然，是一种普遍存在的形式美，如人体及动物的正面、花木对生的叶子等，对称的形态在视觉上有自然、安定、整齐、庄重、完美的朴素美感，符合人的视觉习惯，一般在平面构图中分点对称和轴对称两种。良渚文化玉器的纹饰和形制都讲究均衡对称，自有一种平衡的沉稳美，给人以庄重、大气、秩序、和谐的美感。在构图技法上，主要使用均衡式、对称式等构图方法雕刻不同题材的纹饰。玉琮的琮节面以转角为中轴线对称展开的折角设计，神人兽面纹的对称造型，以及两侧对称分布的神鸟纹，都反映出良渚人对装饰规律的讲究，体现了原始艺术质朴的风格。

以兽面纹为例，其构图都是采用正面图式表现，以鼻梁为中心对称构图，突出正面，尤其是双眼，这或许可以作为原始人对动物正面透视关系的认识。

均衡，是对称形式的发展，是一种不对称形式的心理平衡形式，一般以等形不等量、等量不等形和不等量不等形三种形式存在。对称与均衡形式之所以使人产生审美感受，不仅与人的活动方式有关，也与人的视觉过程有关。人的眼睛在浏览整个物体时，目光是从一边向另一边运动的，当两边的吸引力相同时，便产生视觉上的平衡。

### 3. 节奏韵律之美

反山豪华玉权杖的"瑁"上神人兽面纹周围密布的阴线刻地纹表明，良渚玉器已开始显现出装饰化的艺术倾向（图3.47），是实用和审美的结合物。线的螺旋旋转形成一个个各异的点状漩涡，点与点之间以纵横交错的线束相连，用编织的方式交织平铺成面，这种交织反复的螺旋纹线束呈现出轻盈宛转，生生不息的特点，独具形式美感，看似错综复杂却又能产生规律变化，用简单朴素的线条表现旋转感和流动感，呈现出变化与统一、节奏与韵律之美。阴线刻的卷云纹与浅浮雕的神人兽面纹在线的表现形式上一致，烘托主题纹样的同时，既显示繁复华美的装饰效果，又层次分明，井然有序，增加了视觉上的弹性和张力，更强化了其艺术性与神秘性的双重审美追求。

### （五）"道·器·形"造物思想对现代设计的启示

古人创造器物进行生产生活的同时，也在造型、工艺与装饰等造物行为中表达了不同的审美情感。岩画、刻符、彩陶纹样和玉器纹饰，都是不同时代的文化载体，在这些器物外表和内涵之

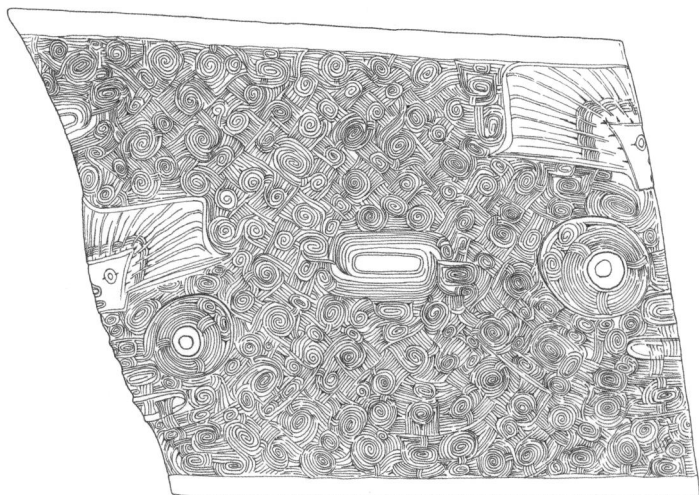

图 3.47 反山出土玉瑁上的"交互螺旋纹"结构所体现的节奏韵律之美
（图片来源：《良渚玉器线绘（增补版）》，浙江古籍出版社，2019 年）

中积淀了华夏民族悠久的灿烂文明。以玉器为代表的良渚文化出土器物上已经体现出较为成熟的"道·器·形"造物思维。《周易·系辞上》中提出"形而上者谓之道，形而下者谓之器"[①] 的哲学思想，也是古代造物的"道·器·形"设计思维。"道"是无形的、抽象的，是器的灵魂，"器"是有形的、具象的，是道的外化，而"形"是将道与器统一的客观存在的物质世界。"道"与"器"相互依存，以有形与无形来区别，二者统一于以"形"为纽带的事物。

古人用"形"把"道"与"器"联系在一起，通过器物设计的物化过程，凝聚和转化特定的思想观念，既有其哲学意义，更有其设计学内涵。森文对"形而上者谓之道，形而下者谓之器"

---

① 阮元 . 十三经注疏（上册）. 北京：中华书局，1980: 83.

的设计学解释是："器物可分两类，器物中最'上'等的是达到了'道'的哲学观念境界，或是可表达'道'这一观念，或负载了'道'等观念的器物，即'形而上者'，可名曰'道'之器。"[①] 这一类器物在古代是非常多见的，如良渚文化的玉礼器，不仅仅是实用之器，还是观念之器，更是"国之重器，礼之所依"。与之相反，"形而下者"是指器物中未达到"道"的高度，而只具有一般实用功能，且更民间化的器物，如生活中的陶器。"道"与"器"的辩证思想影响了中国古代的造物设计，可以帮助我们更好地理解工艺美学的本质和意义，将艺术与技术和谐统一的观念贯彻于现代设计中，使之成为物质与精神、内容与形式的统一体。

---

① 森文 . 道・器・形 ——论中国古代器物设计思想的起源 . 民族艺术研究，2005（6）：13.

# 第四章
# 良渚文化玉器工艺研究

　　地质与矿物学研究认为目前国际上统称的玉（jade）专指翡翠（jadeite）和软玉（nephrite），而其他玉雕石料，如岫岩蛇纹石质玉、独山玉、蓝田玉等，与质地较软的石头，包括大理石、寿山石、巴林石、青田石、鸡血石等统称为玉石。而中国传统的玉石概念，还必须从文化学角度进行界定。最早关于"玉"的定义——"石之美者"就是从文化和审美角度出发并界定的。文化视野下的"玉"有别于现代地质矿物研究所称的"玉"，它既是一个宽泛的概念，又是一个被特指的、狭义范围内的概念。"玉"与自然界普遍存在的"石"不同，它的自然属性中蕴含了史前人类无法解释、渴望拥有、不懈追求的各种特质，如稀有、美丽、坚韧等，这些特质在人们长期的使用和认知过程中，烙上了特定的社会属性和文化印记，是无法与现代矿物学的分类体系相提并论的。

　　玉石制品是一种"文化密码"，它既反映物质基础的传统，又代表观念和信仰的传统，还包括那些蕴含在物质产品之中的琢玉技艺。良渚文化玉器的数量、品种和制作水平均达到了中国史前玉文化发展的巅峰，玉器上的纹饰繁复，雕刻精美，线条有的细如发丝，宽 0.1—0.2 毫米，堪称"微雕"。良渚文化时期并不缺少大型的玉料，但不管载体是多大的玉器，神人兽面纹的尺寸都不大，且始终向着精细化而非差异化发展，这样的纹饰并非为了"给人看"，更可能是为了"给神看"。

美的起源本质上是与人类的生产劳动联系在一起的。美国著名人类学家弗朗兹·博厄斯说："无论哪一种工艺，其技术和艺术的发展均存在着紧密的联系，技术达到一定后，装饰艺术就随之而发展。"[1] 而"饰"有"巾"形，趋于"装饰"一义，其工艺内涵不言而喻。在纹样的形式世界中，思想是首要的，技术也是一个必要的前提，它会对形式产生"变异"和"干扰"，前者指形式的变形，后者指因为材料或载体的不同对于形式产生的变异；而这两者同时与工具与手紧密联系。[2]

沈从文在《中国古玉》一文中谈道："中国的雕玉艺术，是从石器时代磨治石器发展下来的一种特殊艺术。它的初期作品，在形态和花纹上的成就，我们目下实在还不大明白。只知道迟在公元前 12 世纪左右，殷商时代古坟中出土的种种雕玉，就显示出它在艺术上已达成熟期。后来雕玉技术中的平面透雕、线刻、浮雕和圆雕，种种不同的表现方法，都已具备。并且可以看出已经熟练运用旋轮车盘，利用高硬度的宝石，和用高硬度金属工具，来切磋琢磨。艺术上的特征，即把严峻雄壮和秀美活泼几种美学上的矛盾，极巧妙地融化统一起来，表现于同一作品中，得到非常的成功。……由于玉本质的光莹润泽，和制作设计上的巧慧，做工的精练与谨严，特别是治玉工人对材料的深刻理解，使它在中国古代美术史中，占有一个特别重要的位置。"[3]

---

① 博厄斯 . 原始艺术 . 金辉，译 . 贵阳：贵州人民出版社，2004.
② 福西永 . 形式的生命 . 陈平，译 . 北京：北京大学出版社，2011.
③ 沈从文 . 古物之美 . 南昌：江西人民出版社，2019：51

## 一、就近取材的制玉原料

大约在公元前 3300 年，一支掌握了犁耕稻作技术的人类群体聚居在钱塘江北岸和太湖流域，农业技术的进步带来物质上的富足，促使一批手工业者从农业中脱离出来，人们开始追求温饱之上更高的生活目标。良渚人在制陶、丝麻纺织、治玉、髹漆[①]等方面的工艺都发展至较高水平。从出土器物上看，石器打磨精致，器形多样；陶器以泥质灰胎黑皮陶为特色，使用快轮成型的制作方法，造型优美，品种繁多，少数饰有彩绘、镂孔等装饰。而其中最为精湛的是良渚人的治玉工艺，在治玉工具相当简陋的情况下，他们还能用圆雕、透雕、浅浮雕、阴线刻等雕刻手法，雕琢出形制多样、造型精美、琢纹细密的玉器制品，特别是将浅浮雕与阴线刻结合的表现技法对后世青铜器装饰纹饰造型有着深远的影响。

玉是自然界的一种稀缺物品，寻找不易，开采艰难。考古材料证明，对玉的开采和使用在距今一万年前就已经开始，其玉料主要是蛇纹石等假玉系列。在东南沿海地区的河姆渡文化时期，就有为数不多的玉璜、玉玦等小件配饰出土。矿物学研究显示，良渚文化玉器的原料多数是透闪石—阳起石系列软玉，还有少量

①　髹漆：漆器的古代专用词，取自《续资治通鉴·宋徽宗政和元年》中"辽主方纵肆，贪得南方玉帛珍玩，而贯所賷皆极珍奇，至运两浙髹漆之具以为馈"。髹，用漆涂在器物上，亦作"髤漆"。早在河姆渡文化起就有漆器出现，良渚文化的许多遗址出土彩绘漆器，以反山 12 号墓的嵌玉漆杯最具代表。

色泽艳丽的蛇纹石、萤石、绿松石、玛瑙等，但是后者在古代玉器发展的过程中始终处于陪衬地位，古人没有赋予它们丰富的文化内涵。究其原因，主要是这些"美玉"与透闪石玉料相比，不适合雕琢成器。比如，玛瑙虽然坚硬，色泽艳丽，但是太脆，韧性不足，只能雕成串珠等装饰品，绿松石耐磨性不够，水晶透明度高，不符合古人含蓄内敛的审美。因此，学界一般不将宝石、彩石纳入玉的范畴。由于曾经较长一段时间在良渚文化遗址范围内未发现玉矿，有学者一度认为这些原料是由其他产玉的地区运输而来，但考虑到新石器时代较为低下的运输条件，更多学者认为在良渚文化遗址区域内一定有未发现的古玉矿存在。

　　良渚古城所依傍的天目山脉，在《山海经》里被称为"浮玉之山"。蒋卫东认为良渚文化的玉器应是就地取材，太湖流域史前玉器的原料已可确认产于本地区天目山脉、宜溧山脉、茅山山脉的个别山体中，当时的玉料产地不会局限于少数一两处矿源。从良渚文化已出土的玉器分析，原料有阳起石、透闪石、蛇纹石、叶腊石，以及少量绿松石、玛瑙、萤石等种类，这些都属于广义上的"玉"。从狭义的概念来说，玉有真玉和假玉之分，真玉包括硬玉[①]和软玉。良渚文化遗址中只有软玉，没有硬玉。软玉是透闪石—阳起石的角闪石族矿物组成的集合体，它们常具有纤维交织的显微结构和致密的块状构造，结构越细密品质越好，经打磨后才能焕发温雅润泽的质感。良渚玉器中受沁呈黄白色的玉器多数是透闪石软玉，而受沁呈青绿色的良渚玉璧多数是阳起石软玉。在玉料的使用方面，良渚玉器以透闪石软玉为主，切割、钻取、打磨、微雕等各项琢玉工艺均达到了前所未有的高峰。

----

① 硬玉：指翡翠，属辉石类，主要成分是硅酸钠铝，其摩氏硬度为 7，高于软玉，故名"硬玉"。我国使用软玉的时间大约已有 1 万年，而翡翠的使用基本上是从明朝开始。

图 4.1 瑶山玉璜（M4:34）受沁后呈现鸡骨白

　　当玉器因为随葬或祭祀等原因埋入地下后，往往因土壤酸碱度、温度、湿度、表面附着物、有机物腐烂等环境因素而引起变化，称为"受沁"。主要表现为透明度、颜色及表面光泽三者的变化过程，其中失透（即由半透明变为不透明）最早发生，然后是变色（即褪色变白或因自然沁而局部变色），最后表面光泽丧失，即表面变得粗糙，甚至朽坏。我们所看到的良渚文化玉器出土时整体或局部呈现不具有透明感和温润感的白色，俗称"钙化"或"鸡骨白"，这并非它们原来的面貌（图 4.1）。

　　"瑶山玉璜（M4:34），玉色淡黄，有褐色瑕斑。半璧形，上端中间尖突，凹缺两侧各有一个小圆孔，用于系挂。正面阴刻神兽纹，双眼镂孔，加圆周线和小三角勾勒，宽鼻由卷云纹和弧曲线共同构成，扁圆长方形阔嘴，内有尖利的牙齿和外伸的 2 对獠牙。纹饰外围饰以双线半圆收边，内填卷云纹。背面平整，光素无纹。边缘依稀可见打磨痕迹。高 5.7 厘米，宽 14.3 厘米。"①

---

① 浙江省文物考古研究所 . 瑶山 . 北京：文物出版社，2003: 62.

## 二、出神入化的琢玉工艺

### （一）工艺流程

玉器制作最早源于石器制作，北京山顶洞人时期出土了一些精美的小石珠，其钻孔技术让人叹为观止，说明当时的原始先民已经初步掌握了钻孔和磋磨的技术。大概在8000多年前兴隆洼文化时期，玉、石开始分化，从磨制石器的步骤和工艺来看，切割、研磨、钻孔的工艺技术也成功被玉器制作沿袭下来。到了新石器时代末期，玉器制作盛行，已有专门的制玉手工业，出现了浮雕、透雕、圆雕等琢玉工艺，并在各地史前文化中多有发现，其中以良渚文化玉器最具代表性。

玉在雕琢成器的过程中有多道复杂的工艺流程，尤其是良渚玉器，种类之多样、纹饰之精细，在新石器时代首屈一指。这些纹饰即使用青铜、铁之类的金属刀具都很难雕琢，在金属工具尚未发明之时，良渚人如何能够制作出如此精美的玉器？他们使用怎样的治玉工具？这些都是学术界探讨的重要话题。

《诗经》中记载"他山之石，可以攻玉"[①]，说明玉器的加工制作需要借助外力，且这种他山之"石"的硬度高于玉。又有："有

---

[①] 出自《诗经·小雅·鹤鸣》："他山之石，可以攻玉。"意思是别的山上面的石头坚硬，可以琢磨玉器。

匪君子，如切如磋，如琢如磨。"<sup>①</sup> 虽然是用玉石加工的过程来寓意君子的自我修养，但其中也反映出古代工匠在雕琢器物时执着专注的匠心。懂得玉石工艺的人一定知晓，成器之玉石工艺品都是利用硬度高于玉的金刚砂、石英等"解玉砂"，辅以水研磨琢制而成。从良渚文化玉器的形制及纹饰中可见，当时的琢玉技艺精湛，但治玉工具却相对简陋。良渚玉器的制作完全依赖于石质和某些有机质的工具，如解玉砂和鲨鱼牙齿，至于是否使用砣具（圆轮状可转动的制玉工具）还没有得到考古论证，这样的琢玉技艺，在今天看来仍不可思议。

人类在发现美、创造美的过程中，离不开技术的支持。玉器纹饰的产生与发展并不是一蹴而就的，而是制玉技术不断更新后的产物。制作工艺的好坏，直接映射了艺术家的审美意趣和艺术水准的高低。在新石器时代玉器漫长的发展过程中，玉器的加工工艺和技术也逐步成熟，形成了一套独特的工艺流程和加工技术，以及专门的加工工具。研究人员根据多年来考古发掘出土的玉芯、半片玉琮等实物，以及玉器上各种切割痕迹还原了良渚时期的玉器制作工艺，即以人力控制质地坚硬的解玉砂作磋磨运行为主要特征，一般要经过开料制胚、切割、钻孔、雕刻、打磨等工艺流程。

良渚文化的玉器制作技术是从崧泽文化时期传承而来，同时也创造了独特的工艺流程（图4.2）。良渚人在开料制胚上普遍采用砂解法，即用工具加解玉砂和水通过摩擦来切割玉料。解玉砂是由硬度比玉高的矿物碾磨而成，颗粒有粗细之别，粗的用来切割，细小的用来雕琢纹饰。切割工艺分片切割与线切割，片切割

---

① 出自《诗经·国风·卫风·淇奥》："有匪君子，如切如磋，如琢如磨。"君子的自我修养就像加工骨器，切了还要再不断地磨磋；就像加工玉器，琢了还得细细地打磨。

是用竹片或石片带动解玉砂，来回磨制切割玉石的方式；线切割是采用柔性的线状物如麻绳、马尾、动物筋等带动解玉砂，加水来回拉动玉料的一种方式。钻孔分实心钻和空心管钻两种技法，实心钻一般用在小件玉器上。玉琮、玉璧等玉器上的孔用空心管钻，空心管钻是借用动物或竹管等圆形空心物，沾上解玉砂放在打样线上，然后一边浇水一边钻动竹管。在瓶窑镇吴家埠遗址的一件半片玉琮上，残留着钻孔过程造成的一圈一圈密密麻麻的痕迹。

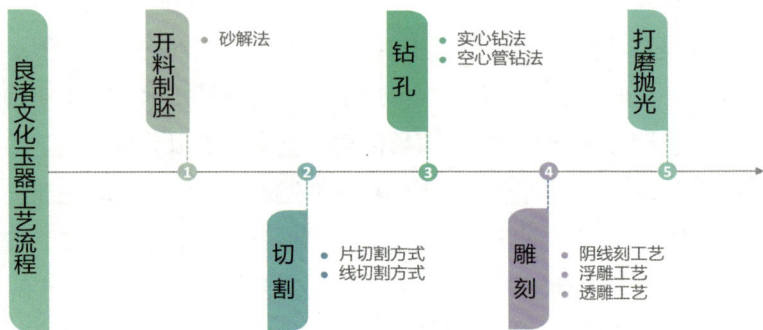

图 4.2 良渚文化玉器工艺流程

中国古代玉器起源虽早，但制作工艺技术的文献记载却极少，直至明清时期才有少量著作传世。

### （二）工具和技艺

在新石器时代的治玉工艺之中，他山之"石"是最重要的琢玉工具。此中的"石"是一种被称为解玉砂（摩氏硬度为 7，软玉的硬度为 6—6.5）的材料，即质地坚硬的矿石细砂。它广泛应用于解料、磋切、钻孔、琢刻、研磨等环节之中。在江苏寺墩遗址挖掘出的玉璧上，就有一层粗砂粒存在，其中 40% 的成分为黑石英，这应该就是良渚人使用的解玉砂。同时，在丁沙地、塘山发现的玉器作坊里出土了一批形态不一的砾石，应该也是良渚时期重要的磨玉工具。

关于玉料的切割技术，我们只能从玉器上遗留的痕迹和当时的生产力发展水平来推测。袁胜文认为，先民剖解玉料的方法大致有两种，一种使用质地极坚硬的石片为"刀具"，在玉料表面反复推磨，同时在玉料与石片接触处加水调的石英砂。在切割较小而薄的玉料时，可以从一面手工推拉切割，而在切割较大而厚的玉料时，则需从上下两个方向对切，对切的刃口常常不在一条直线上，故常在玉片上留下凸起的台痕。另一种可能使用兽皮、筋或绳一类的"软锯"，加上水调的石英砂，在玉料上反复拉磨，达到将玉料切开的目的。[①] 从侧面观察，用这类切割而成的表面不是十分平整，往往留下长椭圆或抛物线状的线条的痕迹。在玉料剖解后，可以将玉片直接在砾石上推磨，加上水调的解玉砂，磨去不需要的部分，如此反复即可成型。

玉器钻孔技术源于磨制石器工具时的钻孔技术。玉器广泛应用于装饰品和礼仪器，其上的钻孔，除了有系挂等功能外，还起到装饰作用。良渚人对于需要钻孔的玉料一般采用实心钻和空心管钻两种方式，孔洞较小的璜、锥形器等采用实心钻，琮、璧等孔径较大的玉器则采用空心管钻。锥钻法，即用锥形石、骨钻头，加上水调解玉砂，在玉器表面钻孔，多用于较薄的片形玉器上。锥钻的孔径较小，单面钻孔呈漏斗状隧孔，双面钻孔呈两个相反的漏斗状隧孔。管钻法，即使用圆管形钻具钻孔，其孔形特

---

① 袁胜文 . 中国古代玉器 . 天津：南开大学出版社，2012: 59.

点是两端孔径大小基本相同，孔壁平整光滑。钻孔方法分单面钻和双面钻。单面钻孔形垂直，双面钻常因两次用钻，钻具定位有差距而在孔壁上留下凸起的台痕。有学者认为，相对于单面钻孔，良渚人更偏爱两面钻孔，一方面可避免单面贯通瞬间的摩擦力过大造成孔洞附近进裂，另一方面，也可减轻阻力，提高钻孔效率。管钻法所用的管形钻具至今未有发现，考古界一般认为，其材质可能是动物的骨头或竹管。

玉器的装饰方法主要有镂空、阴线阳线刻和镶嵌等。镂空指在器物上雕出孔洞的技法，可使玉器造型更丰富，更具立体感和灵动感。良渚人先用锥钻在需要镂空处钻上许多小孔，再用兽皮、筋或绳穿过各个小孔作为软锯，加上水调解玉砂，以手工拉，把多余的玉料去掉而完成镂空。

线条装饰是良渚文化玉器纹饰的主要装饰方法，大致可分阴线纹和阳线纹两种。阳线纹是利用减地浅浮雕技法，把阳线以外的地子磨减下去并琢磨平整，使阳线凸起于器表，产生立体效果。阳线纹线条规整均匀，线性圆润流畅，比阴线纹费事费力，更需技巧。其琢制工具，可能是高硬度的石材打磨而成的狭窄扁平状的磨具。阴线纹利用阴线刻的方法，在玉器表面刻出各式凹下的线纹，一般认为使用尖锐刻刀经手工刻划而成。良渚人究竟是用什么工具琢刻出这些细密的纹样？有学者认为是用钻石或高硬度燧石、水晶等制成的工具，也有学者根据瑶山等遗址出土的鲨鱼牙齿，认定良渚人是以此作为刻刀。说法众多，不一而足，对于今人来说，这仍是一个未解之谜。良渚文化玉器的阴线纹装饰手法使用极为广泛，纹样精美繁复，以反山 12 号墓的琮王和"钺王"的玉瑁上的纹饰最为典型。

打磨抛光是利用细腻的解玉砂或动物毛皮等其他材料精心研

磨，使玉器表面呈现高度光泽的工艺技法，是玉器加工必不可少的一道工序。在研磨环节，良渚人一般以解玉砂为材料，如要制成圆球形的玉珠，一般先将玉料敲击成近球形，再装入放有解玉砂的袋中进行揉搓，直到最终成型。

由于玉器上琢刻的图案多为象征神灵的"神徽"纹饰，所以有专家认为雕刻工艺很有可能是与其他环节分离的，不交给普通玉工制作，而是作为机密，为少数显贵者阶层垄断和掌握，极有可能是巫觋。

### （三）雕刻工艺

良渚文化时期琢玉工艺精湛，有圆雕、透雕、浅浮雕、阴线刻等雕刻手法，还将浅浮雕与阴线刻结合形成多层次的空间视觉效果，凸显主题纹饰的神秘感，围绕主纹的纹饰构图样式对后世青铜器装饰纹饰造型有着深远的影响。在出土的上万件玉器上可以看到：大如直径超过 26 厘米的玉璧，小如宽度不足 0.2 厘米用于镶嵌的玉粒，边缘都被打磨得平滑圆润；通过双面管钻钻孔技术，可钻出高 49.5 厘米的中空玉琮，以及壁厚仅 1—3.5 毫米的半环形玉器；汇观山遗址 2 号墓出土的琮式镯，宽仅 3.5 毫米的凸棱上刻着 12 条细密的阴线刻弦纹。可见，良渚人已经熟练掌握了较为先进的磋切成型、管钻成孔、纹饰琢刻、研磨抛光等治玉工艺。

良渚文化玉器的制作工艺中最精湛的是雕刻工艺。雕刻工艺有阴线刻、浅浮雕、透雕、圆雕等多种，纹饰的刻划一般认为是使用硬度较大的石质刀具或鲨鱼牙齿等有机物来完成，浅浮雕则还需借助解玉砂等中介物来完成。浮雕工艺以线和面结合的方法增强画面的立体感，通过把纹饰主题向高的地方突出来强化主题表达。阴线刻又称阴雕，是把纹饰主题用阴刻线的方式画出来。钻孔和线切割工艺使得透雕成为可能。透雕又称镂空雕，通过图案的巧妙组织，将纹饰穿透雕空以凸显轮廓。三种雕刻工艺的艺术效果，各具装饰美，浅浮雕生动，阴线刻雅致，透雕精致奇巧。

在雕刻方面，良渚玉器的阴刻工艺所表现的精美而细密的线条，灵动优美，可称得上鬼斧神工。反山玉琮王（M12:98）直槽上的神人兽面像的完整形象，最初还不是由考古学家在野外发现，而是在整理过程中发现的，在近似微雕的纹饰上，浅浮雕与阴线刻工艺相结合，层次清晰、细致入微，尽显良渚人高超的琢玉水平，这段花絮也说明了良渚古人阴线刻纹技术的精微与神奇。

良渚文化玉器以宗教信仰为内容，以艺术表现为形式，是宗教和艺术的结合，体现了良渚人的精神生活。反山遗址 12 号墓出土的"琮王"，在 12 平方厘米的面积内，雕刻了高 3 厘米、宽 4 厘米的神人兽面纹神徽，巧妙运用了减地浅浮雕与阴刻线条两种表现手法。神人的面部和羽冠以及兽面均用浅浮雕的手法加以突出强调，神人头顶所戴羽冠凹槽内，兽面的椭圆形眼、鼻、嘴等部位均以极细阴线满饰圆涡纹，研究人员将神徽像放大后，用 1—2 毫米的标尺比对，清晰发现 1 毫米之内刻画的线条多达 5 条。玉的摩氏硬度一般在 4 以上，良渚玉器所用玉料的摩氏硬度在 6—6.5 之间，在没有金属工具的时代雕琢出如此细密有致的阴线，可见当时工艺之精绝。良渚人玉器微雕工艺实际就是精细当中见精神，也许就是为了追求一种常人达不到的境界，工匠就要一刀一刀、一遍一遍地刻，一天一天、一月一月地刻。

从良渚文化出土的这么多玉器来看，它们的风格和纹饰具有普遍的一致性。我们可以知道，一个发展出如此高端技术的行业，应与当时社会中出色的管理者和专业的匠人密不可分。当时的工匠已经掌握了某种琢玉技艺，并且了形成了作坊式的制玉模式。管理者垄断优质而稀有的矿物资源与分配各类物资的权力，为专业匠人提供保障。在良渚古城内，手工作坊区与宫殿区隔河相望。钟家港遗址有制玉、木器制作、漆艺等手工作坊。宫殿区居住着管理者，也就是当时的统治阶层。管理者和专业匠人相互合作推动了良渚玉器制作业的发展，实现了玉器的等级化和礼仪化的质变，成为文明社会产生的促进剂。

# 第五章
## 后申遗时代的传承之路

考古学最大的意义，是重塑中华民族的民族自豪感和自信心。自 1936 年良渚文化发现至今，考古发掘、研究和保护工作取得了突破性进展，让古遗址和古文明立体化地展现在世人面前。随着良渚古城遗址申遗成功，良渚文化在世界文明起源研究中的认可度不断提升，它把中国国家社会的起源，推到了跟埃及、苏美尔和印度文明几乎同一时期。良渚文明的解读为我们认识浙江的史前文明发展史奠定了基础。苏秉琦说："良渚是古杭州的所在地。"良渚古城遗址以其突出的遗产价值成为杭州城市文化资源的重要组成部分，它实证了杭州 5000 年的建城史，也提升了杭州作为历史文化名城的地位。推进良渚文化的研究、保护、传承和利用，不仅是良渚文化自身繁荣发展、实现品牌增值的内在需要，更完美契合了杭州打造"独特韵味、别样精彩"的世界名城的现实需求。

## 一、良渚文化的考古学价值

考古学最大的意义，是重塑中华民族的民族自豪感和自信心。这是一门通过残缺不全的物质遗存来重建历史的学科，考古学必须通过观察、分析、研究纷繁复杂的考古材料来重建古代社会的生产方式、社会结构与意识形态。陈淳老师在《考古学思想史》译后记中提到："我们现在知道，人类有文字记载的历史还不到整个人类史的百分之一。史前考古学已经将人类历史从有文字记载的数千年延伸至 300 万年以前。而且，恰如柴尔德所言，物质遗存与文字一样信息丰富而且可靠。即使在有断续文字记载的阶段也需要考古证据来阐明经济、人口和技术问题。"[1]

英国考古学家科林·伦福儒最初开始良渚研究，是被精美的良渚玉器所吸引，他认为其精致和复杂程度远超人们的想象。"中国新石器时代是被远远低估的时代。讨论文明起源，良渚是非常重要的财富。"[2]良渚文化所在的环太湖地区是一处序列清楚、特色鲜明的新石器时代考古学文化区。自 1936 年施昕更先生发现良渚遗址至今，80 多年的考古发掘与研究工作取得了许多突破性成果，让良渚遗址和良渚文化更加立体化地展现在世人面前。与此同时，良渚文化是中国史前玉文化发展的最高峰，也是早期区域文明的代表，对周边同期文化产生了广泛而深远的影响，即使在

---

[1] 特里格. 考古学思想史. 2 版. 陈淳, 译. 北京: 中国人民大学出版社, 2010: 631.

[2] 伦福儒. 世界早期文明视野下的良渚古城. 杭州, 2019（26）: 36.

二里头、殷墟、三星堆等夏商周时期的遗址中，都能发现对良渚文化的吸收和继承。因此，良渚是实证中华 5000 年文明史的圣地，在中华文明史上占有重要的地位。国家文物局也对良渚遗址群做出了权威评价，认为良渚遗址群重大价值的不断揭示，已经改变了以往人们对我国文明起源的时间、方式、途径等重大学术问题的认识，并将继续丰富人们对我国文明史的认识。[①]

对于世界古老文明起源的认识，国际学术界普遍认同以两河流域的苏美尔文明、尼罗河流域的古埃及文明、印度河流域的哈拉帕文明和黄河流域的中原文明为代表，并认为苏美尔文明最早形成，古埃及文明其次，哈拉帕文明再次，而中华文明则出现最晚。囿于中文文献资料传播滞后等方面的影响，大多数国外学者对中国考古学的进展认知停留在 20 世纪 80 年代，在他们的著作中，中华文明的起始时间常常定在以殷墟为代表的晚商。[②] 随着 2019 年良渚古城遗址成功列入世界文化遗产，它所代表的中华 5000 年文明得到了国际主流学术界的权威认可，对中国乃至世界史前文明的研究意义重大，影响深远。

近年考古界提出了"精神文化考古"的概念，关于神人兽面纹对早期国家社会的政治与意识形态的贡献也逐渐成为研究的热点。科林·伦福儒将刻有神人兽面纹的玉琮与希腊早期文明的代表——基克拉迪文化交叉双臂的大理石像进行比较，认为两者都是早期国家社会的文化图符，使用非常统一，良渚的图符形象基本上是统治性的，神人兽面纹可以看成是中国最早的图标性纹样。[③] 何努等人认为，"精神文化考古当中的社会意识形式，包

---

① 国家文物局致浙江省人民政府.关于将良渚遗址群抢救保护工作列入国家和浙江省的经济和社会发展重大项目的建议.国家文物局文物保函 [1990] 70 号.

② 刘斌，王宁远，陈明辉.良渚文化与良渚古城考古的意义.中国文物报，2019-07-09（3）.

③ 伦福儒.世界早期文明视野下的良渚古城.杭州，2019（26）：38.

括自然观、社会观、宗教观以及符号与艺术表达系统"①。何努指出,"良渚文化玉琮蕴含宇宙观和创世观念,其特殊的造型和或繁或简的神人兽面,是良渚古国的统治者创制的象征图形符号系统"②。"精神文化考古"领域的研究成果,对探寻良渚神人兽面纹具体的象征意义和社会功能具有启示作用。

---

① 何努,武钰娟.国家社会象征图形符号系统理论框架——国家社会象征图形符号系统考古研究之一.南方文物,2021(1):30.

② 何努.良渚文化玉琮所蕴含的宇宙观与创世观念——国家社会象征图形符号系统考古研究之二.南方文物,2021(4):1.

## 二、良渚文化的区域贡献

对良渚文明的解读为我们认识浙江的史前文明发展史奠定了基础。良渚遗址管理区管委会办公室主任周黎明说："良渚文明中的许多文化因素，如古城的三重结构、玉礼器系统等都融入连绵不断、多元一体、兼收并蓄的中华文明发展历史脉络中，成为中华文明形成发展最为重要的源头。"[①] 浙江大学艺术与考古学院教授、浙江省文物考古研究所原所长刘斌说："从约一万年前的上山文化，经过跨湖桥文化、河姆渡文化与马家浜文化、崧泽文化的发展，至良渚文化进入国家文明，良渚文化之后，浙北地区主要为钱山漾文化，浙南地区主要为好川文化。此后进入青铜时代的马桥文化，以印纹陶和原始瓷为特征的马桥文化发展至战国时代达到高峰，成为百越文化的主流。秦汉一统之后，浙江开始真正归入与中原一致的文化面貌。东晋南下与北宋南渡，使浙江成为中国文化的核心与引领之地。"[②]

北京大学考古文博学院教授严文明在《良渚随笔》一文中，回忆起 1977 年与苏秉琦等人在良渚莫角山遗址前的一段往事，在探讨良渚遗址的"国家"性质时，严文明认为，良渚遗址是良渚文化的中心，如果说良渚文化所在的区域是一个国家，良渚遗

---

[①] 后申遗时代，良渚文明如何传承. (2020-07-06)[2022-07-05]. http://www.zj.xinhuanet.com/2020sichouzhilu10/index.htm.
[②] 赓续文化根脉，增强文化自信——重温习近平总书记关于良渚遗址重要批示精神理论研讨会发言摘要. 浙江日报，2021-07-12（7）.

址应当是其首都。苏秉琦回应称，"良渚是古杭州的所在地。这里地势比杭州高，天目山余脉为天然屏障，苕溪是对外通道，鱼肥稻香，是典型的江南鱼米之乡。杭州应该从这里起步，后来才逐步向钱塘江发展。"[1] 良渚遗址群坐落在浙西山地丘陵与杭嘉湖平原的交接地带，实际上处在一个 C 形大谷地的北侧。这个大谷地的东南端为东汉以后形成和发展的杭州主城区，西侧的余杭镇是秦王二十五年（公元前 222 年）始设的余杭县治所在。从人文的角度来看，这也印证了 1977 年苏秉琦先生曾经表达过的著名论断：杭州从良渚遗址群起步。

曾有人批评说，良渚古城和杭州城没有关系，良渚不是古杭州。确实，从文化传承而言，良渚文化的后裔或许因为洪水、战乱等原因消亡或迁往外地了，良渚文化并不是直接传承到杭州的，良渚时代离秦朝也有近 2000 年之久，良渚古城和秦钱唐县[2] 的时间距离很遥远。从空间距离来看，良渚和杭州城有着一段距离，不能算重合。苏秉琦的论断，不仅显示了他开阔的地理视野，也显示了他有宏大的历史视野。[3] 考古成果证明，良渚遗址一定是古杭州原始居民最早的大规模聚落遗址，中华文明的起源地；从地理视角来看，良渚和杭州市区非常相近，所以说把良渚古城视为是杭州城的发源地，并无不妥。但从历史中探知，杭州城城址的屡次迁徙变动，其实都和水的变化分不开。甚至到了今天，杭州城依然被称作"五水共导"（江、河、湖、海、溪）的城市。所以虽然杭州没有水城之名，但有水城之实，水早已成为杭州的灵魂。从水的角度出发，我们认为良渚古城就是杭州的前

① 严文明.良渚随笔.文物，1996（3）：30.
② 秦钱唐县：《史记》记载：秦始皇三十七年，嬴政南巡曾经路过今天的杭州，"……过丹阳，至钱唐，临浙江，水波恶，乃西百二十里，从狭中渡"。
③ 陈志坚.良渚古城比夏朝还早几百年，能视为杭州的源头吗?.观察者.2019-05-21.

生，非常恰当。

　　良渚古城遗址位于浙江省杭州市，是杭州继西湖、京杭大运河后的第三处世界级文化遗产，至此杭州世界文化遗产数量的国内排名仅次于北京，"世界名城"地位进一步提升，以遗产保护为基础的旅游业和文化创意产业发展潜力巨大。随着良渚古城遗址在世界文化遗产领域的知名度、美誉度、认可度的持续提升，格局完整的良渚古城、举世瞩目的水利工程、精美琢纹玉器为代表的良渚器物，以及原始地理环境和遗址保存的完整性、遗存的密集度，使得良渚文化遗址具有独特而重要的历史文化价值和世界遗产价值，良渚古城遗址成为杭州城市文化与旅游资源的重要组成部分，它实证了杭州 5000 年的建城史，也提升了杭州历史文化名城的地位。

## 三、中华传统文化的孕育

张光直先生曾言，一个国家的文物就是它的灵魂。良渚文化不仅长存于人类的历史长河，也是一种可观赏、可触摸的现实遗迹。良渚文化所反映出的"良渚精神"，早已沉淀为底蕴深厚的文化传统，不仅繁荣了5000多年前的良渚王国，更滋养了当代文明，对当今世界具有十分重要的意义。

中华优秀传统文化的魅力体现在很多方面，如综合性、包容性、天下情怀等。综合性是指它产生于辽阔的中华大地，综合了水利农耕文明、草原游牧文明、商业文明等多种文化因素和特质，是世界古老文明中唯一没有中断且常新的文明。包容性是指它具有博大的包容精神和包容能力，善于吸纳其他文明的有益成分，并进行融合创新。天下情怀是指以"天下"论人论事论理，主张天下兴亡，匹夫有责。中华优秀传统文化所倡导的仁爱、和谐、正义、刚健、大同等价值理念，在今天仍然具有重要意义。因此，它不仅是中华民族伟大复兴的重要支撑，也为解决人类共同面对的问题提供了智慧。[1]

著名考古学家苏秉琦在《中国文明起源新探》一书中曾探讨过中国文化传统的精华是什么，并概况出以下几点：

> 一是中国人有一双灵巧的手，精于工艺，善于创造。这一特点在北京人时代已经形成。北京人文化的突

---

[1] 陈秉公. 充分吸收中华优秀传统文化养分. 人民日报，2017-11-29（7）.

出特点就是用劣质石材制造出超越时代的高级工具，例如用脉石英石片修整成尖锐、锋利的小型石器等。这种勇于开拓、善于实践的精神在其后的几十万年中得到传承。良渚玉器上的微雕工艺，历史时期享誉世界的丝绸、漆器、瓷器工艺，对人类文明做出重大贡献的四大发明，……都是这种传统的体现。中国农业的传统是自古以来的精耕细作，延续到今天，创造出以占世界7%的耕地养活占世界22%人口的奇迹。这种传统同中国人勤劳、朴实、自强不息的美德融为一体，孕育出无穷的创造力，成为中华物质文明、精神文明喷涌不竭的源泉。

二是中华民族极富兼容性和凝聚力。史前不同文化区系的居民，通过不断组合、重组，百川汇成大江大河，逐步以华夏族为中心融合为一个几乎占人类四分之一的文化共同体——汉族。它虽然占地辽阔，方言众多，但在文化上却呈现出明显的认同趋势。大约就是在这个基础上，以形、意为主又适应各地方言的方块字被大家所接受，成为其后数千年间维系民族共同体的文化纽带，产生了极强的凝聚力。汉族从一开始就不是封闭的、一成不变的。历史上许多进入内地的少数民族先后与汉族融合，给汉族不断注入新血液、新活力，得到不断壮大，并团结50多个兄弟民族共同组成伟大的中华民族大家庭。自秦、汉建立统一多民族国家以来，虽有过短暂的分裂，但统一一直是主流。……世界诸文明古国中，只有中国历史连绵不断。中国人这种伟大的民族精神、力量，其根脉盖深植于史前文化之中。

近来我曾反复思考，中国传统文化的核——对天、地、君、亲、师的崇拜和敬重，是中国人传统信仰的最高、最集中的体现。

我国古人对天、地，赋予了超自然的属性。这里天，是一种抽象的权威象征，一种不可抗拒的超自然正义力量。……对于"地"的崇拜，反映了追求人与自然的协调。至于对"君"的崇拜，则反映着对社会秩序化即国泰民安的追求。对于"亲"的崇拜，我看至少包括"祖先崇拜"以来至现实生活中的"父慈子孝""兄友弟恭"等内容，是维系、协调人际关系的重要纽带。对"师"的崇拜，则是要求对文化、知识的尊重和继承。①

礼制，是维护权力统治和社会秩序的重要手段，也是一套独立的社会体系。中华民族在 5000 年历史长河中形成了完整的礼制规范，追溯到良渚文化时期，"礼"作为一种思想信念，产生于先民对"超自然力"的崇拜，而"敬天祭祖"是部落的一种祭祀活动，也是我国传统宗教的核心内容。玉器是中华文明进程中最有特色的物化形态，早于青铜器成为"礼"的象征物。良渚文化所创造的玉礼器系统以及君权神授的统治理念，神人兽面纹所蕴含的良渚人的思想观念、民族性格、宗教信仰、审美趣味等，在历史中逐渐发展形成一种稳定的意识观念和心理结构，构成一个多元开放的文化传承体系，被后世的中华文明吸收与发展。水涛指出："中原地区在中国文明化进程中的作用主要体现在文化和社会发展的深层次方面，即社会的意识形态和观念体系层面，而大多数情况下，并不表现在文化的表层层面，即物质文化产品的基本形态上。"②

---

① 苏秉琦.中国文明起源新探.北京：生活·读书·新知三联书店，2019：161-163.
② 水涛.论中原地区在中国文明化进程中的作用和影响.中原文物，2001（6）：31.

## 四、良渚人的精神

5000 年前，尼罗河流域的古埃及文明、两河流域的苏美尔文明、印度河流域的哈拉帕文明相继进入成熟文明和早期国家阶段，而此时的中国，经过各区域文明的交流、融合与发展，良渚人创造了良渚王国，开启了成熟的早期城市文明，其中蕴含了良渚人共同的精神意志，即以创新创造、精益求精和奋勇开拓为核心的"良渚精神"。"良渚精神"既体现在良渚人的生产劳动中，也体现在良渚人的精神生活中，更反映在良渚精美卓越的玉器等器物中。

### （一）开拓与创新

5000 多年前，良渚地区还处在丘陵、孤丘和河湖沼泽密布的自然环境中，随着自然环境逐渐好转，当时的良渚先民逐渐走下山坡，开始在一片湿地的冲积平原上拓展生存空间。然后，他们开始人工营建宏伟的莫角山、瑶山与汇观山祭坛和良渚古城城墙等大型工程，并充分契合周围的山形水势，建立起古城外围的大型水利系统，连通城内水路，共构成了"山—丘—水—城"的整体格局，堪称早期城市文明的杰出范例。

杭州原市委书记王国平热衷于良渚文化研究，他对良渚先民的创新精神有莫大的感佩，认为良渚文化的崛起，根本原因是这一文化族群创造力的发挥。相比之下，现在这种精神反而弱了。

"我们现在的许多造型设计、战略规划，还有各行各业的工作，属于创造性的，特别是原创的东西不是太多，许多模仿的水平也不够高、不够精致。我们的许多艺术作品缺乏内在精神的统筹，许多工作没有科学的理念内核。这个问题值得深入检讨。"①

通过卫星遥感观测到的地貌图片可见，良渚水利工程遗址所在的浙江省太湖平原地势低洼，沼泽密布，水草丰盈，适合人类居住和耕种，但同时也容易受到洪水的影响。良渚古城地处天目山脉边缘，又在亚热带季风气候区，雨季较长，雨量充沛，台风、山洪时常爆发，这对地处下游的良渚平原地区的生产和生活必然造成直接威胁。

在良渚文化早期阶段，良渚人营建城址的同时，也开始规划和营建周边水利工程，展现出良渚人前所未有的社会组织能力和开拓创新的精神。良渚先民借助周边的自然山体设计了高、低两级水坝，用山谷和低地等自然条件进行蓄水，用"草裹泥"技术，相当于现代水坝建筑中使用的"钢筋混凝土"，使大坝变得坚固，不易崩塌。古城旁边的两个自然山脉——凤山和雉山成为城墙的西南角和东北角，以此达到防洪作用。此外，良渚文化时期生产力水平低，还没有方便的轮式交通工具，水运是更为便利的选择，这些都充分表明良渚人已经具备全流域的水资源规划和改造能力，展现了良渚先民的智慧。这个已经有5000年历史的治水体系非常庞大，很多部分今天仍然屹立于山谷之间。

从2013年至今，良渚遗址共发现了11条水坝和1处14平方千米的水库，将这些与古城址综合起来看，可以发现其整体规划也相当庞大，无疑是一项十分浩大的工程。研究人员统计

---

① 王国平. 序言：考古的根本目的是改变人的思想 // 周膺. 美丽洲：良渚文化与良渚学引论. 北京：中华书局，2000：2.

推算，仅水利工程的土方量就高达 288 万立方米，假设每天采集、运输、堆筑 1 立方米土方各需要 1 人，每年仅秋冬枯水期参与修建，按年出工 30 万人测算，需连续修建 26 年才能完工。由此我们可以想象当时社会组织能力的强大，这也证明我们的文明不亚于其他古代文明，良渚古城和上游水坝的发现证实了中国在 5000 年前就进入了国家阶段。

### （二）匠心与匠艺

中华民族的工匠技艺源远流长、博大精深，历经数千年而不衰，是劳动人民长期经验的积累和智慧的结晶。精雕细琢的良渚文化玉器最能代表良渚人精益求精、追求完美的工匠精神。古人云：玉不琢，不成器。这句话虽用以强调教育的重要性，却也一语道出美丽的玉石要成为器物必须经过精心打磨和精工雕琢的事实。良渚文化玉器是一种反映史前观念形态、审美意识和工艺水平的美术作品，是"凝固的艺术"。玉器被赋予浓厚而神秘的宗教色彩，直观地折射出人类审美的动态发展过程，是先民发现美、创造美、感悟美的文化遗产。随着出土物的增多，我们不难发现玉器的制作工具和雕刻工艺在不断精进，造型由简单拙朴到精致多样，纹饰也经历了由朴素无华到繁复华丽，这些器物已经达到史前艺术审美和工艺的巅峰。从纹饰的艺术表现形式来看，良渚人有着高度的艺术想象力、感悟力和创造力，在对美的创造与追求过程中不断将美推向神性的高度。从良渚文化玉器的形制及纹饰中可见，当时的雕刻技艺十分精湛，但治玉工具却相对简陋，良渚玉器的制作完全依赖于石质和某些有机质的工具，如解玉砂和鲨鱼牙齿，至于是否使用砣具还没得到考古论证，这样的琢玉工艺，工序复杂，费时费力，却得以在良渚匠人中传承千年，在今天看来仍不可思议。

匠艺是匠心的外在体现。从出土玉器纹饰上可以看出，良渚工匠掌握了较为先进的切磋成型、管钻成孔、纹饰琢刻和研磨抛光等玉器制作的工艺流程。在雕刻方面，良渚玉器近似微雕的浅浮雕和阴线纹相结合的工艺可称得上鬼斧神工，充分显示了良渚文化高超的琢玉水平。科林·伦福儒对玉琮上的八个神人兽面纹的高度相似而感到震撼，认为工匠们一定经过精密的计划和考量，并认为玉器就是解开神秘的良渚文化复杂性的一把关键钥匙。根据测量，反山豪华权杖（M12:103）的端饰瑁上繁复细密的阴线刻线条中，1毫米之内至少刻画了3条不同的线条，反山柱形器（M12:87）上有错落旋转的神人兽面纹和兽面纹各六组，神人兽面纹展开高宽分别为2.7厘米和3.5厘米，兽面大眼的高宽仅0.6和0.7厘米，就是在这样的空间范围内，不但大眼的重圈部位填刻了细密的不相交的线束纹样，月牙形耳朵部位也填刻了小尖喙和螺旋线，这两个部位还没有忘记打洼。这种精雕细琢的纹饰不仅展现了良渚人精湛的琢玉技艺，也反映出先民对信仰和审美的执着追求，在没有金属工具的时代雕琢出如此细密有致的阴线，可见工艺之精绝。良渚人的玉器微雕技艺实际就是细微之处见精神，也许就是为了追求一种与神灵沟通的境界，这是一条精巧的通神之路，体现的不仅仅是技术，关键还有精神。

良渚人怀着对神灵的崇拜与敬畏，投身于复杂的琢玉技艺，在年复一年、日复一日的孜孜不倦、潜移默化的锤炼与积累过程中，培育了注重细节、精雕细琢、追求完美的精神实质，用匠心引领技艺的提升与超越，把自己的生命和信仰，倾注于玉器制作中，用线条的组合来塑造形象，用线条的变化来创造美，他们并非有意去遵循美学规范，但自然流露的艺术美感与后人审美趣味有异曲同工之妙。良渚文化中晚期之后，这类微雕式的玉器渐渐阙如，线条也变得生硬呆板，折射出观念和信仰的变化。

## 五、文化传承与历史记忆

联合国教科文组织前总干事马约尔在《文化遗产与合作》前言中指出："保存与传扬这些历史性的见证，无论是有形文化遗产还是无形文化遗产，我们的目的是唤醒人们的记忆，因为没有记忆就没有创造，这也是我们对未来一代所肩负的责任。"1994 年，在日本古都奈良通过的《关于原真性的奈良文件》，在肯定任何一种文化遗产都是所有人类的共同遗产这一联合国教科文组织的基本原则的基础上，重新定义了遗产保护界最基本的概念——真实性，提出"应当将文化遗产的价值原真性根植于特定的文化环境中"，并申明"一种文化内部对遗产的定位，应需依据遗产价值的特殊性质，以及相关信息源的可信性和真实性"。[①] 这份文件使人们重新审视遗产的内部文化，尊重它们在自己文化环境中的生长，被一些学者认为是文化遗产保护中后现代主义思想的表现。

作为一名艺术设计领域的教育工作者，笔者与良渚结缘实属偶然。2020 年，笔者接到一个和企业合作开发良渚文创的项目，在收集设计素材时，对良渚文化的精髓之一，即玉器纹饰产生了浓厚兴趣，并逐渐被良渚文化的独特魅力所吸引。

---

① 关于原真性的奈良文件（Nara Document on Authenticity）由出席在奈良举办的"与世界遗产公约相关的奈良原真性会议"的 45 名代表起草，会议由日本政府文化事务部与联合国教科文组织、国际文化财产保护与修复研究中心（ICCROM）及国际古迹遗址理事会（ICOMOS）共同举办。文件以"文化多样性和遗产多样性"部分为铺垫，强调多样性的意义，在"价值与真实性"部分大胆地提出，真实性不能基于固定的标准来评判，反之，"出于对所有文化的尊重，必须在相关文化背景之下来对遗产项目加以考虑和评判"。

良渚文化是中华文明的曙光，早在夏王朝建立之前已经进入了古国文明的阶段，它向世人展示了新石器时代晚期一个以良渚古城为中心、稻作农业为支撑、具有统一信仰的早期区域性国家。从某种程度上讲，良渚社会是被玉器表述出来的社会。玉器是良渚文化的国之重器，是权力和身份的代表，也是观念与信仰的载体，具有深厚的历史文化底蕴和艺术审美价值，是现代人了解良渚先民的社会发展、观念信仰和生活习俗等信息的重要窗口。良渚玉器上的纹饰是"凝固的艺术"，神人兽面纹、鸟纹、龙首纹、卷云纹等典型纹饰，都是内涵丰富、极具概括、具有特殊象征意义的艺术符号，不仅在器物上起到装饰和美化的作用，更是蕴含了抽象化的特殊语义。在编写本书的过程中，笔者搜集与整理了大量的考古和文献资料，在玉石信仰、巫玉神话、图腾崇拜、原始宗教等神秘而古老的世界里遨游，由衷地感叹中国传统文化之博大精深、连绵不绝，并为五千年不曾中断的中华文明而深感自豪，同时也全面认识了浙江的史前文明发展史。

良渚古城遗址突出的遗产价值成为杭州城市文化资源的重要组成部分，具有代表城市文化形象的潜在价值。良渚玉器是良渚文化的代表，古老而神秘的玉器纹饰，再现了先民们敬畏的神灵形象，体现了良渚社会具有高度一致的精神信仰。将玉器纹饰活化利用，挖掘蕴含其中的文化基因和民族审美记忆，通过创意设计将传统文化元素和现代审美的认同点进行合理转化，以博物馆文创产品开发来推动良渚玉器纹饰艺术的社会认知美学传播，对后申遗时代良渚文化的保护和传承具有现实意义，也是笔者编写此书的出发点。最后，笔者将研究所得与教学工作相结合，以良渚文创产品研发为项目载体，通过艺术实践带领师生寻找杭州地域文化中的历史记忆，用艺术体验和创作的方式担负起传承与创新的历史责任，坚定文化自信，推动中华优秀艺术文化的创造性转化和创新性发展。

## （一）良渚文创产品的研发策略

### 1. 博物馆文化创意产品的缘起与开发意义

参照联合国教科文组织的定义，文化创意产业由文化产品、文化服务与知识产权共同构成，具有独特性、不易模仿性等特性，为各行各业注入新的经济活力，其中也包括博物馆事业。文化创意产品从属于文化创意产业的范畴，是将文化资源以创意的形式展现出来的高附加值的产品，具有文化属性、创意属性和市场属性。文化创意产品不同于一般的日用品，它可以具有日用品的功能，但更需要承载一定的文化内涵，通过创意设计，这些产品具有了精神和物质双重层面的功能。博物馆拥有丰富的文物藏品，是文化资源的聚集地，将文化创意产品运用到博物馆语境中，以博物馆的馆藏资源为原型，吸收转化藏品所具有的符号价值、人文价值和美学价值，创意重构出具有审美价值、文化价值和实用价值的新产品，并在市场中寻求价值认同，早已是全世界博物馆的通行做法。尤其是近 10 年来，美国大都会艺术博物馆、法国卢浮宫、英国大英博物馆，以及中国的故宫博物院、陕西历史博物馆、敦煌莫高窟等博物馆都不约而同地扩大文化创意产品的开发规模，拓展跨界营销渠道，开起了网上"专卖店"。文化创意产品承载着美育和教化功能，博物馆的文创商店常常被称作"博物馆的最后一个展厅"，一些受众在观展完毕后会进入文创商店，把他们对文化艺术的兴趣和认同通过文创产品转化为消费动力。

从过去的"高冷"到现在的"亲民"，博物馆文化创意产品在满足大众物质消费和精神消费需求的同时，延续了文物藏品的生命力，成为优秀传统文化的承载者和传播者，同时也促进了文旅融合新业态的形成。不同的是，文化创意产业追求市场效益和社会效益的双丰收，而博物馆文创产品的教育性特质远大于商业性特质，其目的在于创造博物馆的延伸体验，这类产品的研发策略以文化为经线，创意为纬线，通过与科技、商业的跨界合作和模式创新，提升博物馆的文化资源价值，用品牌化、衍生化、数字化、产业化等途径来充分盘活这些文化资源，使之迸发出强劲、蓬勃的生命力，以便更好地服务大众，满足大众文化的需求。因此，基于博物馆资源的文创产品开发是文化遗产保护传承与创意活化利用的重要渠道，不仅可以加大优秀传统文化的传播力度，还能增强博物院、遗址公园等文博单位的美育功能，使文物以更生活化、功能化、实用化和艺术化的形式与大众的生活紧密相连，实现社会效益和经济效益的统一。

### 2. 良渚文创产品的现状与发展方向

良渚文化在考古研究、遗产保护领域一直走在世界前列，但良渚文创与国内外其他较成熟的博物馆文创相比，仍处于探索和培育的发展阶段，缺少有影响力的IP品牌、系列产品，尚未形成设计、生产、营销一条链式的发展模式，文创产业渠道不足、产业链不完善等共性问题依然存在，与世界文化遗产的声誉度要求还有相当大的差距，想象和发展空间很大。在对现有博物馆文创产品的调研中，我们发现并总结了设计层面的几个问题：一是缺乏创意和精品意识。多数设计师由平面设计、产品设计、工艺美术等相关专业的人员担当，在他们所接受的教育中，大多缺少对文化遗产的深入了解，对馆藏文物的研究浮于表面，从而导致元素提取和创意转化程度不高，设计思维方式单一，产品同化严重。二是缺少统筹协调，开发设计方面尚未形成相对成熟的机制，设计方与需求方、生产方、营销方信息不对称，市场定位模糊，产业链不通畅。三是社会资源整合和人才队伍培育有待加强，需要调动各方资源，尤其是高校师生参与文创产品研发的积极性，在研发力量和创新活力上得到可持续性保障。

对于良渚文创，杭州良渚遗址管理区管委会办公室主任周黎明指出，要做好三方面的工作：第一，做好研究。没有研究的文创谈不上真正意义上的文创，研究是发展文创产业的根本。我们要细致研究良渚文化的文物之美和历史价值，对其美学和历史价值进行创造性转化。第二，培养和发展我们的文化和IP。这个IP可能是一个故事，可能是一个形象，可能是一个作品等。而这些都需要在研究基础上逐渐培养，然后围绕IP做强做大，形成完整的体系。第三，以热烈、开放、包容的心态进行跨界合作。良渚博物院作为收藏、展示良渚文化的重要平台，要做好知识产权的保护。按照相关流程进行授权，解决企业在知识产权和成果转化上的后顾之忧。①

### 3. 良渚文创的研发过程与创新策略

博物馆文创产品重在创新，但根在文化，最大的特点就是具有文化和创意的附加值。良渚文化创意产品的研发过程，可分为四个阶段。首先，要充分挖掘馆藏的文化元素和内涵，从传统中找到新的创意点，形成设计概念。其次，从创意产品的外在表现和内在转化入手，运用表象思维、符号转化思维及意蕴诠释思维等设计思维方式，形成设计方案。再次，在设计实现途径上，除博物馆自行开发外，也可借助高校或其他社会机构的力量共同完

---

① 后申遗时代，良渚文明如何传承 . (2020-07-06)[2022-07-05]. http://www.zj.xinhuanet.com/2020sichouzhilu10/index.htm.

成；或者直接授权于企业，运用被授权方的成熟营销手段以及出色的产品研发实力，多渠道整合设计开发资源。最后，从设计方案到产品量产，必须经过层层审核和评估，把控产品的教育性、文化性、艺术性与实用性，建立规范化的设计执行管理机制，这是提升文创产品品牌价值，延长生命周期的关键所在。

在现代美学研究中，符号学美学理论把艺术作品、艺术形象理解为特定的符号。从这一角度看，良渚玉器上的典型纹饰都是富含良渚文化基因的视觉符号。符号的价值与意义在于，一方面它现实地影响事物的表达与传递；另一方面它影响到受众的认知、审美、情感等方面的接受方式和心态。

对于良渚文化创意产品的创新策略，首先要遵从文化遗产信息源的真实性原则，设计师要调查、学习、研究、实践，在深入了解和思考的基础上方能进行，这是文化遗产创意活化利用的前提。切忌在没有理解其文化内涵的前提下，将玉器纹饰图案与现代产品生搬硬套，造成产品与传统文化割裂，消费者难以从中获得共鸣和感动。杨慧子提出："在坚守本真性原则的基础之上，外部形态的一些变化亦是合理的，材质、样式的变化和更新并不代表本真性的丧失，关键在于守住'灵魂'。""中国的文化创意产品设计应当具备独特的风骨和韵味，更须蕴含属于这个古老国度的智慧和意境。作为中国的设计师，不应仅仅只是掌握设计法则与软件操作，更应了解那些传统图形语言背后的渊源掌故。知晓其为何物？为何而成？如何而作？设计只是方法，如同一个容器；而一个国家和民族的文化传统便是这容器中所承载的内涵。"①

其次，要处理好传统与现代的关系。通过创意设计，以"传

---

统 + 创新"的思路，将古老的传统文化以一种全新的方式呈现于当今的语境中。创意产品通常具有丰富的文化内涵和独特的象征含义，设计师要用艺术思维对文化层面的概念进行解读和表现，或借助一些新技术，将概念转化为符合现代生活习惯，并具有一定实用功能和高文化附加值的产品。关于艺术思维，美国心理学家鲁道夫·阿恩海姆曾从心理学的角度分析人的视知觉与艺术诸因素之间的传导、转换及作用关系，他强调艺术创作是艺术家通过形状、色彩、位置、空间和光线等要素与人视知觉互动所产生张力的"表现"过程，认为"知觉概念"是艺术思维的基础，"再现概念"则是艺术思维的完成。①

再次，设计师既要融入历史，也要在历史中抽象出自己的个性化表达语言，在实用和审美的层面上把设计和受众紧紧联系在一起。符号学方法虽然具有非常强的可操作性，但是对符号的再设计并非轻易就能完成，尤其是要达到与受众阅读理解的一致性更是困难重重。海军指出："设计师对符号意味的再整合甚至可能导致符号与事物关系的断裂，进而符号的原有意义被异化。设计中符号意义发生异化大多发生在设计师对设计符号固有意味的肆意篡改中，以致造成符号原有意义、符号表达意义以及受众读解意义三者关系的脱节。"② 著名艺术家吴冠中先生曾提出"风筝不断线"的艺术创作理论，他认为风筝是作品，是"从生活中来的素材和感受，被作者用减法、除法或别的法，抽象成了某一艺术形式"，而观众是天空，要让风筝飞上天空，艺术家手中"须有一线联系着作品与生活中的源头"。只有"风筝不断线，才能把握观

---

① 阿恩海姆. 艺术与视知觉. 滕守尧，译. 成都：四川人民出版社，2019.
② 海军. 平面设计的符号学研究. 北京：清华大学，2004：89.

众与作品的交流"。① 在具体的设计表现方式上，有去繁留简、夸张变形、因形赋纹、打散重构等四种纹饰的转换手法。

最后，良渚文创的研发需要融入新的创作形式，可以是新设计、新功能、新材料、新技术的应用，以及各种带有高科技性质的新媒体呈现方式，表现为具有创意的文化礼品、办公用品、家居日用品、装饰品等具有实用功能的衍生品，亦可探索与当地的老字号合作推广，成为具有典型地域特征、以"城市名片"定位的文创品牌。

### （二）创意活化利用设计案例解析

科林·伦福儒认为"神人兽面纹可以看成是中国最早的图标性纹样"②。良渚文化玉器上的纹饰图案呈现出独特的地域文化特色和造物美学特征，在今天看来，依旧是充满无尽想象力、拥有原始力量的存在，这些奇特的纹饰都是古人借想象以征服自然和对强大自然力量的幻想化。良渚人在创造神徽时并没有刻意遵循美学规范，但自然流露的形式美感与现代人的审美趣味有异曲同工之妙。通过对良渚文化玉器典型纹饰的分析，黄厚明指出良渚人"创造"图像的三点规则：首先，图像的建构是以分解、组合、借用、夸张等方式进行的；其次，以简代繁、以局部代表整体，是良渚人最常用的艺术表现手法；最后，对同一图像元素的分解或是对不同图像元素的组合，都是以表达特定观念为目的的，由于观念上的继承和变异，纹饰的构成呈现多元复合的特征。③ 当我们对这些纹饰符号做出二次想象与创意时，可以将其线条、动

---

① 吴冠中.风筝不断线——创作笔记.文艺研究，1983（3）：89-90.
② 伦福儒.世界早期文明视野下的良渚古城.杭州，2019（26）：38.
③ 黄厚明.良渚文化鸟人纹像的内涵和功能（上）.民族艺术，2005（1）：46.

态、情感扩大化，或与现代艺术风格、传统与时尚之间碰撞融合，最大程度地表达出纹饰的情感诉求，以增强作品的艺术表现力与感染力。

越是古老的文化元素，越要用创新激发其活力。在创意活化过程中，设计师要分析良渚神徽——神人兽面纹的组合与拆分，捕捉这些古老线条和形态之中的原始力量，将具有象征意义的原始艺术符号通过现代设计方式进行提炼与应用，激活良渚玉器的文化基因，使设计有根可循，让大众重新发现、认识和理解良渚文化之美。笔者通过企业项目和高校教学两个案例展示良渚神徽的创新演绎与再创作实践，为良渚文创产品研发和玉器纹饰的美学传播提供建设性思路和可行性方案。

### 1. 硬脑®——良渚神徽创新演绎与再创作的先行者

硬脑®是一家依托浙江大学人才及科研优势组建的创意企业，坐落于良渚梦栖小镇。公司植根良渚多年，以良渚文化的传承与活化为己任，始终致力于良渚文化 IP 的创新开发和产业实践（图 5.1，图 5.2）。2017 年，硬脑®推出了良渚神徽创新演绎与再创作的第一个系列。对待良渚文化的视觉元素，不做复制粘贴，是硬脑®的基本创作原则。传统元素结合现代美学与时代观念，从而形成与当代人良好的交互界面，是硬脑®一直以来的创作观念。

艺术史学家、芝加哥大学东亚艺术研究中心主任巫鸿教授说："艺术和科技的发展不一样，它并不是进化式的，从低级到高级，越新的越先进，在艺术的世界里，古代和现代有同样的意

图 5.1　良渚神徽纹样再设计

（杭州职业技术学院，苏焕）

图 5.2 硬脑® 良渚神徽纹样再设计应用场景
（杭州职业技术学院，苏焕）

义。"在硬脑® 良渚神徽 1.0 版本（图 5.3）中，采用了类似儿童画和涂鸦的笔调，搭配明快色彩，目的恰恰是要抵消时间带来的沉重感和压迫感，从而呈现出一个灵动轻盈、生动俏皮、充满活力与生命力的年轻态良渚。

从另一角度来看，处于中华文明幼年期的良渚文化，以本真、质朴和幼拙的方式进行再创作和创新表达，无疑也是恰当的。该系列作品成为良渚文化 IP 的重要组成部分，硬脑® 先后设计开发了数百款良渚主题文化衍生品。2019 年 7 月，该系列作品进入故宫博物院，在展现 5000 年前良渚辉煌文明的同时，也诠释了现代良渚的文创魅力。

"在现代语境中，良渚元素还能如何表达？如何创新？还有

对于良渚文化元素的
**解构与重塑**

可应用于
品牌形象、产品开发
产品包装、宣传推广

图 5.3 硬脑 ® 良渚神徽 1.0 版本："计艺良渚"系列

哪些可能？"硬脑®创意总监、杭州职业技术学院教师苏焕一直在思考和尝试以"神徽"为代表的良渚视觉元素的其他可能性。于是，2021年，硬脑®发布了良渚神徽的2.0版本"悦神"系列（图5.4）。该系列以赛博朋克为创作基调，尝试挖掘出良渚元素的全新可能。

硬脑®认为，5000年前的良渚文明，无疑是当时世界的高科技文明，拥有无数"黑科技"和尖端成就，许多技术连今天的人们也难以想象。

因此，在良渚神徽原初造型的基础上，硬脑®融合了蒸汽朋克、未来机械、装置艺术、迷幻电子和暗黑哥特等多种风格意象。同时，刻意回避了所谓的"国潮风"，不落俗套，不拾人牙慧。

"不模仿别人，不重复自己"是硬脑®的创作宗旨。这一次，硬脑®表达和呈现的，是一个不羁型格，领异标新，帅气潮酷的良渚！

### 2. 杭州职业技术学院——将良渚文化融入课程思政的探路者

高校是人才培养的主阵地，文化创造与传播的重镇，师生坚定文化自信的前沿。习近平同志在党的十九大报告中指出："深入挖掘中华优秀传统文化蕴含的思想观念、人文精神、道德规范，结合时代要求继承创新，让中华文化展现出永久魅力和时代风采。"[①] 教育部《高等学校课程思政建设指导纲要》中，针对艺术设计类专业课程提出，"要在课程教学中教育引导学生立足时代、扎根人民、深入生活，树立正确的艺术观和创作观。要坚持以美

---

① 习近平. 决胜全面建成小康社会　夺取新时代中国特色社会主义伟大胜利——在中国共产党第十九次全国代表大会上的报告（2017年10月18日）. 人民日报，2017-10-28（5）.

图 5.4 硬脑 ® 良渚神徽 2.0 版本："悦神"系列

育人、以美化人，积极弘扬中华美育精神，引导学生自觉传承和弘扬中华优秀传统文化，全面提高学生的审美和人文素养，增强文化自信"。

高校艺术设计类课程相较于其他课程，从形式和内容上，都蕴含着独特的思政教育价值。艺术类学生作为文化产业的接班人，不仅要树立正确的价值观和审美观，更要以传统美学为着力点，厚植家国情怀，将其践行于设计创作中，成为德才兼备的人才。因此，发挥艺术设计类专业特点，以美育促德育，以艺术化人心，寻找专业课程与思政教育的契合点，构建课程思政教学体系，对于高校人才培养具有重大意义，能有效推动专业课程与思政课程同向同行，形成全员、全程、全方位"三全育人"大格局。

在全球化趋势下，每一个群体都应立足于本土的文化根脉，在保留自身独特文化基因的基础上传承与创新，在多元化发展中寻求"和而不同"。良渚文化作为"中华 5000 年文明实证"、世界级文化遗产、古杭州所在地，是杭州著名的地域特色传统文化，具有潜在的思政教育价值。良渚玉器上繁复精致的纹饰，出神入化的微雕工艺，代表了史前工艺美术的最高境界，先民们精于工艺、善于创造的精神，早已沉淀为底蕴深厚的文化传统，蕴含着丰富的课程思政资源。2020 年，在笔者单位杭州职业技术学院全面推进课程思政建设的积极倡导下，数字媒体艺术设计专业、动漫设计专业立足艺术设计学科特色与优势，以校企合作开发良渚文创产品为契机，深入挖掘良渚文化中蕴含的思政元素，以玉器典型纹饰艺术的创新演绎和琢玉工艺中体现的"工匠精神"的熏陶培养为切入点，将思政教育与专业课程教学有机融合，达到相辅相成、互相促进的效果，使学生学思结合，知行合一。

在课程思政教学的实施过程中，专业组以良渚文创项目为载体，从感知与体验良渚文化（调研考察）、探索与发现玉器纹饰之美（专题讲座）、创作与表现创意设计作品（教学项目）、欣赏与评价艺术展示（成果展示）四个环节入手，改革"构成设计""图形创意""品牌视觉设计""海报设计"等专业课程的教学设计，构建贯通人才培养全过程的课程思政教学体系和实施路径。教师在教学过程中落实立德树人的根本任务，发挥课程思政的感染力与实效性，通过"感思(艺术熏陶与匠心素养)、创作(学思结合与知行合一)、展陈（文化传承与创新）"三个阶段，以美育人、以艺益德，润物无声地传播良渚玉器的纹饰艺术和文化内涵，引发学生对良渚文化的研究和创作热情，用优秀传统文化滋养当代大学生的文化自信。2021年1月举办的"'纹'以载道——良渚文化美育成果展"，获得良渚博物院院长和合作企业的好评，并于同年10月被特邀到良渚古城遗址公园进行为期半年的展出。

良渚文化融入课程思政作品展（图 5.5）由数字媒体艺术设计专业教师陈晓、胡颂永和金晶指导学生完成，分为良渚纹样展、良渚海报展和良渚 UI 设计展三个部分。良渚纹样展基于对良渚神徽的解读、联想、提炼和研究，完成了经典和现代简约两款形象设计；良渚海报展是通过对良渚特色元素进行提炼设计，来展现良渚文化的独特魅力；良渚 UI 设计展利用动态图形和新媒体平台对良渚文化进行数字活化运用，创新了良渚文化的新媒体传播方式。

### （三）良渚玉器纹饰的美学传播和设计实践

良渚文化所蕴含的文化内涵与艺术底蕴、民族传统与精湛技艺，正是当代全球化同质化时期所稀缺的独特的文化基因。杭州职业技术学院将良渚文化融入课程教学，从玉器纹饰中获取创意

图 5.5 良渚古城遗址公园内举办的杭州职业技术学院"搜神"作品展及团队合影

灵感，建立设计情境，以专业课程和思政课程同向同行为目标，产学融合项目为载体，创意设计为手段，传播的不仅是文物上花纹镌刻的艺术形式，更是探索一种对文化遗产保护、传承与创意活化的途径，推动良渚玉器纹饰艺术美学传播和文化创意人才培养。最后，让我们通过展示该校数字媒体艺术设计、动漫设计专业学生在潮玩公仔形象设计、图案设计等方面的最新作品，来感受他们充满活力而又略显青涩的才艺。

图 5.6 良渚"搜神记"潮玩公仔设计

（杭州职业技术学院，赵楠）

# 良渚"搜神记"潮玩公仔设计

设计：杨文欣　指导：赵楠

设计：孙迪楠　指导：赵楠

设计：张诗奕　指导：赵楠

图 5.7 良渚"搜神记"潮玩公仔设计

（杭州职业技术学院，杨文欣、孙迪楠、张诗奕）

# 良渚"搜神记"潮玩公仔设计

设计：张邑桢　指导：赵楠

设计：袁璐　指导：赵楠

设计：吴美芽　指导：赵楠

图 5.8 良渚"搜神记"潮玩公仔设计
（杭州职业技术学院，张邑桢、袁璐、吴美芽）

## 基于良渚典型纹饰的图案设计

从古老的良渚玉器纹饰艺术中汲取精华，通过现代设计方法，融入设计者的文化感悟、审美情趣和创意想象，将原有纹饰结构通过拆解、打散、组合成一个个不拘一格、寓意丰富、富有形式美感的图案作品。

创作思路

设计：张雯雯　指导：黄璐

设计：傅梨婷　指导：黄璐

图 5.9 基于良渚典型纹饰的图案设计
（杭州职业技术学院，张雯雯、傅梨婷）

设计：马骏翔　指导：黄璐

设计：鲍宇慧　指导：黄璐

设计：周家耀　指导：黄璐

图 5.10 基于良渚典型纹饰的图案设计

（杭州职业技术学院，马骏翔、鲍宇慧、周家耀）

良渚神徽再创作

设计：戴韵如　指导：陈晓

设计：马琪慧　指导：陈晓

设计：潘陈琪　指导：陈晓

图 5.11　良渚神徽再创作
（杭州职业技术学院，戴韵如、马琪慧、潘陈琪）

良渚神徽再创作

设计：吴一冉　指导：陈晓

设计：傅淑杰　指导：陈晓

设计：洪芳　指导：陈晓

图 5.12　良渚神徽再创作
（杭州职业技术学院，吴一冉、傅淑杰、洪芳）

# 参考文献

阿恩海姆.艺术与视知觉.滕守尧,译.成都:四川人民出版社,2019.

阿恩海姆.艺术与视知觉.滕守尧,朱疆源,译.北京:中国社会科学出版社,1984.

博厄斯.原始艺术.金辉,译.贵阳:贵州人民出版社,2004.

卜友常.由汉代铺首画像看铺首的流变与功用.郑州轻工业学院学报(社会科学版),2012(2):39-45.

陈秉公.充分吸收中华优秀传统文化养分.人民日报,2017-11-29(7).

陈洪波.从玉器纹饰看良渚文化宗教信仰中的两类因素.南方文物,2006(1):49-55.

陈声波.良渚文化与华夏文明.南京:江苏人民出版社,2019.

陈剩勇.中国第一王朝的崛起:中华文明和国家起源之谜破译.长沙:湖南出版社,1994.

陈咸益.玉雕技法.南京:江苏美术出版社,1999.

陈瑜.玉文化是江南文化最深远的精神原型——专访上海交通大学文科资深教授叶舒宪.上海文汇报,2019-01-18(10).

程鹏.试论良渚文化中断的成因及其去向.东南考古,1999(4):14-21.

邓淑苹.良渚神徽与玉耘田器.故宫文物,1997(174):4-17.

董楚平.良渚文化神像释义——兼与牟永抗先生商榷.浙江学刊,1997(6):100-103.

杜金鹏.说皇.文物,1994(7):55-63.

杜金鹏.良渚神祇与祭坛.考古,1997(2):52-62.

方向明.崧泽文化玉器及其相关问题的研究.东南文化,2010(6):87-97.

方向明 . 神人兽面的真像 . 杭州：杭州出版社，2013.

方向明 . 良渚用玉的等级和身份 . 大众考古，2015（5）：58-64.

方向明 . 良渚玉器线绘 . 杭州：浙江古籍出版社，2018.

方向明 . 成组玉礼器与良渚文明模式 . 博物院，2019（2）：16-24.

方向明 . 土筑金字塔：良渚反山王陵 . 杭州：浙江大学出版社，2019.

福西永 . 形式的生命 . 陈平，译 . 北京：北京大学出版社，2011.

弗雷泽 . 金枝（上）. 徐育新，等译 . 北京：中国民间文艺出版社，1987.

赓续文化根脉，增强文化自信——重温习近平总书记关于良渚遗址重要批示
　　精神理论研讨会发言摘要 . 浙江日报，2021-07-12（7）.

海军 . 平面设计的符号学研究 . 北京：清华大学硕士学位论文，2004.

韩建业 . 良渚、陶寺与二里头——早期中国文明的演进之路 . 考古，2010
　　（11）：71-78.

何利群 . 玉与史前观念 . 中国历史博物馆馆刊，1995（2）：12-15.

何努 . 良渚文化玉琮所蕴含的宇宙观与创世观念——国家社会象征图形符号
　　系统考古研究之二 . 南方文物，2021（4）：1-12.

何努，武钰娟 . 国家社会象征图形符号系统理论框架——国家社会象征图形
　　符号系统考古研究之一 . 南方文物，2021（1）：30-34.

贺云翱 . 良渚文化"祭台"遗址浅论 . 上海博物馆集刊，1992（0）：412-
　　416.

黄厚明 . 中国东南沿海地区史前文化中的鸟形象研究 . 南京：南京艺术学院
　　博士学位论文，2004.

黄厚明 . 良渚文化鸟人纹像的内涵和功能（上）. 民族艺术，2005（1）：
　　44-51.

蒋莉 . 先秦玉器纹饰艺术研究 . 太原：山西大学博士学位论文，2017.

蒋卫东 . 自然环境变迁与良渚文化兴衰关系的思考 . 华夏考古，2003（2）：
　　38-45.

蒋卫东 . 神圣与精致：良渚文化玉器研究 . 杭州：浙江摄影出版社，2007.

蒋卫东 . 良渚玉器中的鸟灵形象 . 中国社会科学报，2010-03-23（14）.

李伯谦 . 文明探源与三代考古论集 . 北京：文物出版社，2011.

李学勤 . 良渚文化玉器与饕餮纹的演变 . 东南文化 . 1991（5）：42-48.

李泽厚 . 美的历程 . 北京：生活·读书·新知三联书店，2009.

梁丽君. 崧泽、良渚文化三大纹样母题研究. 南京: 南京大学博士论文, 2011.

刘斌. 良渚文化玉琮初探. 文物, 1990（2）: 30-38.

刘斌. 试论良渚玉器纹样与玉礼器形态的关系. 故宫文物月刊（台北）, 1997（171）: 123.

刘斌. 良渚文化的龙首纹玉器 // 杨伯达. 出土玉器鉴定与研究. 北京: 紫禁城出版社, 2001: 304-318.

刘斌. 良渚文化的祭坛与观象测年. 浙江省文物考古研究所学刊第八辑——纪念良渚遗址发现 70 周年学术研讨会文集, 北京: 科学出版社, 2006.

刘斌. 华夏文明的曙光从这里升起——良渚文化发现 70 周年纪事. 今日浙江, 2006（23）: 53-54.

刘斌. 良渚文化的祭坛与观象测年. 中国文物报, 2007-01-05（7）.

刘斌. 法器与王权: 良渚文化玉器. 杭州: 浙江大学出版社, 2019.

刘斌, 王宁远, 陈明辉. 良渚文化与良渚古城考古的意义. 中国文物报, 2019-07-05（3）.

刘斌, 王宁远, 陈明辉, 朱叶菲. 良渚: 神王之国. 中国文化遗产, 2017（3）: 4-21.

刘敦愿. 美术考古与古代文明. 北京: 人民美术出版社, 2007.

刘远修. 论长江下游史前美术的特征、发展动因及对中国文明的贡献. 美术, 2007（4）: 116-121.

伦福儒. 世界早期文明视野下的良渚古城. 杭州, 2019（26）: 36-41.

梅新林. 祖先崇拜起源论. 民俗研究, 1994（4）: 70-75.

牟永抗. 良渚玉器上神崇拜的探索 // 《庆祝苏秉琦考古五十五年论文集》编辑组. 庆祝苏秉琦考古五十五年论文集. 北京: 文物出版社, 1989: 184-197.

牟永抗. 东方史前时期太阳崇拜的考古学观察. 故宫学术季刊（台北）. 1995（4）: 12.

牟永抗. 牟永抗考古学文集. 北京: 科学出版社, 2009.

倪玉湛. 夏商周青铜器艺术的发展源流. 苏州: 苏州大学博士学位论文, 2011.

齐宝宝, 王欣. 红山文化玉猪龙与良渚文化玉琮的比较研究. 赤峰学院学报

（汉文哲学社会科学版），2016（7）：8-10.

秦岭. 良渚的故事（上）. 光明日报，2019-07-07（12）.

秦岭. 良渚的故事（下）. 光明日报，2019-07-14（12）.

森永. 道·器·形——论中国古代器物设计思想的起源. 民族艺术研究，2005（6）：11-16.

沈从文. 古物之美. 南昌：江西人民出版社，2019.

盛起新. 崧泽文化纹饰对良渚文化的影响. 东南文化，2014（5）：65-79.

诗经·秦风·小戎. 刘毓庆，译注. 北京：中华书局，2012.

十三经注疏（上册）. 阮元，校刻. 北京：中华书局，1980.

水涛. 论中原地区在中国文明化进程中的作用和影响. 中原文物，2001（6）：29-31，38.

朔知. 良渚文化的初步分析. 考古学报，2000（4）：421-451.

苏秉琦. 中国文明起源新探. 北京：生活·读书·新知三联书店，2019.

特里格. 考古学思想史. 2版. 陈淳，译. 北京：中国人民大学出版社，2010.

王绵厚. "玉神学"、"玉礼学"与文明发端. 辽宁省博物馆学术论文集第三辑（1999—2008）. 北京：紫禁城出版社，2004.

王明达. 反山良渚文化墓地初论. 文物，1989（12）：48-53.

王宁远. 关于"良渚古城"城墙的几点认识 // 良渚文化博物馆. 良渚文化论坛. 杭州：浙江摄影出版社，2008: 215-225.

王仁湘. 史前中国的艺术浪潮——庙底沟文化彩陶研究. 北京：文物出版社，2011.

闻一多. 伏羲考. 上海：上海古籍出版社，2006.

吴冠中. 风筝不断线——创作笔记. 文艺研究. 1983（3）：89-90.

吴山. 中国纹样全集. 济南：山东美术出版社，2018.

夏鼐. 长江流域考古问题——1959年12月26日在长办文物考古队队长会议上的发言. 考古，1960（2）：1-3.

夏鼐. 碳-14测定年代和中国史前考古学. 考古，1977（4）：217.

夏鼐. 商代玉器的分类、定名和用途. 考古，1983（5）：455-467.

许慎. 说文解字. 北京：中华书局，1963.

严文明. 良渚随笔. 文物，1996（3）：28-35.

严文明.长江文明的曙光.武汉:湖北教育出版社,2004.

杨伯达.牙璋述要.故宫博物院院刊,1994(3):47.

杨伯达.古玉史论.北京:紫禁城出版社,2004

杨伯达.中国玉文化玉学论丛.北京:紫禁城出版社,2004.

杨伯达.巫—玉—神泛论.中原文物,2005(4):63-69.

杨伯达.良渚文化瑶山玉神器分化及巫权调整之探讨.故宫博物院院刊,2006(5):6-25.

杨伯达.巫玉之光·续集(上).北京:紫禁城出版社,2011.

杨伯达.简谈美术解剖对古玉形纹鉴定的重要意义:以反山12号墓玉琮王为例(下).东方收藏,2011(2):97-99.

杨慧子.非物质文化遗产与文化创意产品设计.北京:中国艺术研究院博士学位论文,2017.

于锦绣.玉与灵物崇拜——中国玉文化的原始宗教学研究 // 杨伯达.中国玉文化玉学论丛.北京:紫禁城出版社,2002:266-307.

袁胜文.中国古代玉器.天津:南开大学出版社,2012.

张德水.祭坛与文明.中原文物,1997(1):61-68.

张光直.濮阳三蹻与中国古代美术上的人兽母题.文物,1988(11):36.

张光直.宗教祭祀与王权.明歌,译.华夏考古,1996(3):103-108.

张敏.倏而来兮忽而逝——远逝的良渚文化与远古文明.湖南考古辑刊,2018(0):251-266.

张明华.良渚文化突然消亡的原因是洪水泛滥.江汉考古,1998(1):62-65.

赵晔.莫角山遗址纵谈 // 余杭市文史资料委员会.文明的曙光——良渚文化.杭州:浙江人民出版社,1996:311-318.

赵晔.良渚文明的圣地.杭州:杭州出版社,2013.

浙江省文物考古研究所.浙江省新近十年的考古工作 // 文物编辑委员会.文物考古工作十年(1979—1989),北京:文物出版社,1990:116-127.

浙江省文物考古研究所.瑶山.北京:文物出版社,2003.

浙江省文物考古研究所.反山.北京:文物出版社,2005.

浙江省文物考古研究所,等.良渚文化玉器.北京:文物出版社,1990.

浙江省文物考古研究所反山考古队．浙江余杭反山良渚墓地发掘简报．文物，1988（1）：1-31.

周膺．美丽洲：良渚文化与良渚学引论．北京：中华书局，2000.

朱丽东，等．良渚时期文化发展与海平面变化．地理科学进展，2011（1）：122-128.

朱天顺．原始宗教．上海：上海人民出版社，1978.

**网络文献**

后申遗时代，良渚文明如何传承．(2020-07-06)[2022-07-05]. http://www.zj.xinhuanet.com/2020sichouzhilu10/index.htm.

杭州这批天才城市规划师，让世界震惊了！．杭州日报微信公众号．（2019-07-08）[2022-07-05]. https://page.om.qq.com/page/OvQpXrF6FLg9Bv0uRa5VomFA0.

我与良渚的故事 | 刘斌：瑶山、汇观山发掘及反山玉器．(2019-07-09)[2022-07-05]. https://zj.zjol.com.cn/news.html?id=1238768.

陈志坚．良渚古城比夏朝还早几百年，能视为杭州的源头吗？．（2019-05-21）[2022-07-05]. https://m.guancha.cn/chenzhijian/2019_05_21_502402

走近"玉文化"——古代玉器与中华文明源远流长．(2004-06-28)[2022-07-05]. http://www.ln.xinhuanet.com/wangtan/yu/yu.htm.

# 附 录

## 良渚文化玉器纹饰艺术与创意活化利用研究报告

**摘　要：** 玉器是良渚文化的国之重器，礼之所依。玉器上的纹饰，是用远古美学观念所创造的，具有特殊象征意义的艺术符号。研究这些古老纹饰的文化内涵和艺术特征，对探寻良渚人的思想观念、宗教信仰和审美意趣，推动良渚文化玉器的社会认知和美学传播具有积极意义。玉器典型纹饰中蕴藏着丰富的良渚元素，能给现代设计带来启示，为杭州城市品牌设计和良渚文创产品研发提供创新思路，让良渚文化遗产活态传承，遗而不失。

**关键词：** 良渚文化；玉礼器；纹饰艺术；创意活化

## 1. 研究背景及意义

良渚文化是中国新石器时代晚期最为重要的考古学文化，以黑陶和精致刻纹玉器为代表，分布在以良渚古城为核心的长江三角洲太湖平原地区，距今 5300——4300 年，大体与古埃及文明、苏美尔文明、哈拉帕文明处于同一时代。2019 年，"良渚古城遗址"获准列入世界遗产名录，标志着它所代表的中华五千年文明得到了国际主流学术界的权威认可，印证了长江流域对中华文明起源的杰出贡献。

### 1.1 选题的意义

良渚遗址以其突出的世界遗产价值成为杭州城市文化资源的重要组成部分，具有潜在的国际影响力。独特的玉器是良渚文化的重要内涵，蕴含良渚人的远古观念形态和审美趣味。课题以考古学方法与艺术学视角为支撑，研究玉器纹饰的文化内涵和艺术特征，提取典型纹饰中的良渚元素，用现代设计方法进行创新演绎，从而推动良渚文化玉器的社会认知和美学传播，为探索后申遗时代良渚遗址的文旅融合发展提供建设性思路和决策参考。

## 1.2 国内外研究现状述评

国内外学者对良渚文化的考古资料及文明起源研究较为热衷，并给予高度评价。国际古迹遗址理事会原主席古斯塔夫·阿罗兹认为，五千年前的良渚社会已经进入了国家文明阶段。英国知名考古学家科林·伦福儒认为："我最初开始良渚研究，是被精美的良渚玉器所吸引，其精致程度超出了人们对新石器时代晚期遗址所能达到的复杂程度的想象。"他将刻有神人兽面纹的玉琮与希腊早期文明的代表基克拉迪文化交叉双臂的大理石像进行比较，认为两者都是早期国家社会的文化图符，使用非常统一，良渚的图符形象基本上是统治性的，神人兽面纹可以看成是中国最早的图标性纹样。

负责良渚玉器考古研究和线绘的方向明认为，良渚文化是崇玉的文明，以琮、璧、钺为代表的玉礼器种类丰富，形制多样，其背后的主宰是被称为"神徽"的纹饰，包括复合的神人兽面纹和独立的兽面纹。1988年，浙江省文物研究所反山考古队公开发表了细刻于良渚"琮王"上完整的神徽图案（参见图1），认为这是富含良渚崇拜的因素。关于神徽的解读，牟永抗认为它是人形化的太阳神，其下半幅画面是驮着太阳神的瑞兽。杨伯达认为是古代巫觋在以玉事神仪式时所见的一个典型而生动的片段——觋戴魁头，骑着由小巫扮演的道具兽作摊舞事神，并正在恭听天神的旨意。

纹饰从内容到形式上，多数具有明确的功利性和实用性，蕴含丰富的社会内涵。良渚玉器上的神人兽面纹、鸟纹、卷云纹、龙首纹等典型纹饰（参见图2），都是从远古时期发展而来的较成熟的图腾纹样，是良渚人宗教信仰的集中体现，神人兽面纹神徽很可能就是巫政合一的"良渚古国缔造者的神化形象"。"只有长期生活在这种神灵崇拜的强烈社会氛围中，并具有丰富艺术实践的人，才能产生这样的艺术杰作。"刘斌认为，玉礼器和神徽在整个环太湖流域的良渚玉器上表现得极为统一，是维系良渚社会政权组织的主要手段和纽带，显示良渚文化有着极强的社会凝聚力，且存在统一的神灵信仰。对纹饰的识读，是理解良渚人精神世界的关键所在。

良渚玉器以其繁缛神秘的纹饰风格，出神入化的工艺之道，成为史前装饰艺术和工艺美术的代表，对商周纹饰产生了深远影响。关于商周时期青铜器上的饕餮纹与良渚文化兽面纹之间的关系，历来也是学者关注的重点。李学勤在《良渚文化玉器与饕餮纹的演变》一文中从八个方面阐述两者之间的内在联系，认为饕餮纹双眼多为"臣"字目，是从良渚文化兽面纹的重圈式的卵圆形目发展演变而来。陈剩勇认为青铜器上的饕餮纹布局沿袭传承了良渚文化玉琮上以转角为中轴线展开的兽面纹布列方式。

## 2. 研究内容与基本思路

### 2.1 研究内容

课题研究内容分两部分，一是良渚文化玉器的纹饰艺术研究。以考古资料为支撑，分析良渚文化用玉制度的形成，以及玉器的形制、纹饰、玉料、工艺等要素，从艺术学视角探讨这一古老纹饰的文化内涵和艺术特征，探寻古文化与现代社会之间的联

图 1 反山"琮王"的神人兽面纹
（图片引自浙江省文物考古研究所．反山）

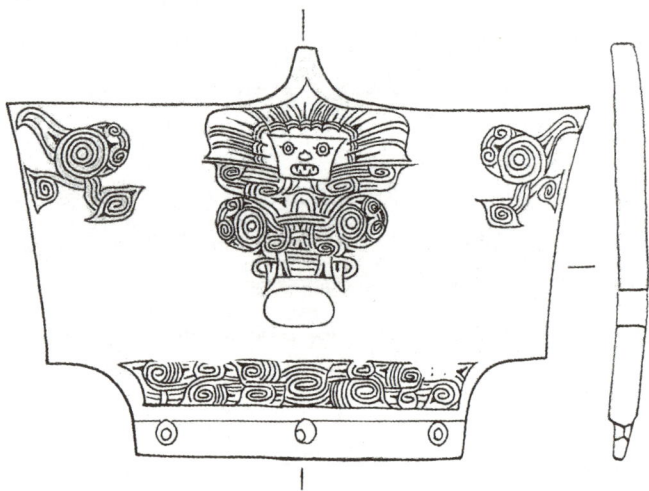

图 2 瑶山 M2:1冠状器上的神人兽面纹、鸟纹、卷云纹
（图片引自方向明．良渚玉器线绘）

系。二是典型纹饰元素的创意活化利用研究。课题研究聚焦良渚玉器上的神人兽面纹、鸟纹、卷云纹、龙首纹等标志性纹样，提取典型纹饰中的良渚元素，解析其构形、寓意、演变过程，多视角探讨传统纹饰对现代设计的启示，使设计有根可循。通过教学与科研相结合的设计实践，以良渚文化教学成果展形式，探索良渚文化遗产的活态传承方式，为杭州城市品牌设计和良渚文创产品研发提供创新思路。

## 2.2 基本思路

良渚玉器纹饰包含着丰富的远古文化信息，是探寻远古社会形态、经济、文化等的活化石。课题研究以跨学科、渐进式的研究策略，跟随考古研究者的脚步追寻消逝千年的良渚古国，还原良渚文化玉器形成的历史时空，从远古玉器功能的演变中探讨良渚文化用玉制度的形成，从玉器上神秘古老的纹饰中探寻艺术与原始宗教的关系，感知玉器纹饰发展中的艺术逻辑与人文背景，解读玉器所承载的良渚人的信仰与精神。

## 2.3 研究方法

文献研究法。通过查阅期刊文献、良渚文化相关著作和去良渚博物院直接记录三种方式调查收集良渚文化的资料，在整理分析的基础上，对创意原点的选择进行研讨。

实地调研和问卷调查。实地调研良渚遗址、杭州良渚遗址管理区管理委员会、良渚博物院等部门，采集研究样本；和相关研究者进行学术交流；通过网络调查问卷了解市场需求，保证创意活化策划方案的针对性和实操性。

个案研究和比较研究。重点选取国内外成功的文化品牌传播和城市品牌传播的案例，进行详细分析和比较研究，为良渚文创品牌策划和产品开发提供借鉴参考。

### 3. 课题研究成果

#### 3.1 消逝千年的文明古国：良渚古城遗址

在良渚文化时期，农业已率先进入犁耕稻作时代，手工业趋于专业化，琢玉工业尤为发达，大型玉礼器的出现拉开了中国礼制社会的序幕，贵族大墓与平民小墓的分野显示社会分化加剧，划刻在出土器物上的刻画符号被认为是中国成熟文字的前奏，良渚古城及其外围大型水利工程的发现成为中华文明起源过程中的历史见证。良渚文化被誉为中华文明的曙光，是"满天星斗"的史前文明中最耀眼的一颗星。

从考古发现来看，良渚古城遗址是良渚文化权力和信仰的中心，呈现四个特征：一是规模宏大。良渚古城由宫殿区、内城、外城组成，古城外围还分布着体量巨大的水利系统，有考古学家将良渚古城称为"中华第一城"。二是功能齐全。仅在古城内城就发现有宫殿区、王陵区、仓储区和作坊区的考古遗迹，显示出城市文明的明显特征。三是规划合理。整个古城系统的布局与山形水势充分契合，所展现的"水城"的规划格局与营造技术，尽显良渚人杰出的规划理念。四是影响深远。良渚古城的布局，与中国后世都城"宫城、皇城、郭城"的三重结构体系类似，体现了社会等级的"秩序"建设，凸显了权力中心的象征意义，是中国乃至东亚地区早期城市规划的典范。

联合国教科文组织官网对良渚古城遗址的介绍是这样的："位于中国东南沿海长江三角洲的良渚古城遗址（约公元前3300—2300年）向人们展示了新石器时代晚期一个以稻作农业为支撑、具有统一信仰的早期区域性国家。通过大型土质建筑、城市规划、水利系统以及不同墓葬形式所体现的社会等级制度，这些遗址成为早期城市文明的杰出范例。"

### 3.2 国之重器，礼之所依：良渚文化玉器

与世界上其他文明相比，玉文化是中华文明的重要文化基因之一，它与灵物崇拜、王权政治以及审美意识联系在一起，是社会上层建筑中的一个独特领域。从距今8000年的兴隆洼玉玦开始，玉文化在中华大地上繁盛起来，并源远流长，崇玉尚玉的文化传统延续至今。玉文化的驱动要素是玉石神话信仰，在原始宗教盛行的史前时期，巫玉阶段的玉文化发展最为显著，相继出现了北方的红山文化和南方的良渚文化两个高峰。

良渚人在规划和营造水利系统和城址时，也建立了一套以琮、璧、钺为代表的玉礼器和"巫政合一"的用玉制度。玉器上不仅雕刻着统一的神徽图案，而且玉琮、冠状器等玉礼器的形制都与表现这一神徽有着直接的关系。玉礼器系统及神徽在整个环太湖流域的良渚玉器上表现得极为统一，是维系良渚社会政权组织的主要手段和纽带，显示出良渚文化有着极强的社会凝聚力，且存在统一的神灵信仰，而这种集体认同表现在物质层面上，就产生了良渚文化玉器这样独特又统一的"文化符号"。

良渚文化玉器大多为巫觋事神的"玉神器"，它既是祭祀天地、沟通神灵的宗教法器，还是国家意识、礼仪规范、社会等级、财富权力、丧葬习俗的文化载体，早于青铜器成为"礼"的象征物和指示器。玉器由最初满足人类生产生活的工具发展到祭祀所用的"玉神器"，最后上升到标志礼仪和等级的"玉礼器"。从良渚文化墓葬出土大量且精美的玉器这一现象，反映出当时宗教和礼制的形成。良渚王是掌握神权、王权和军权的最高统治

者，一切社会活动都具有浓厚的宗教色彩。良渚文化孕育的玉文化基因，给随后出现的中原国家夏商周带来玉石神话信仰和玉礼器的统一制度，华夏文明序幕由此开启。

### 3.3 纹以载道：良渚文化玉器纹饰艺术研究

装饰物—玉神器—玉礼器。在漫长的岁月中，玉石固有的质地和色彩给人以美好的感受，被当作"石之美者"从各种石头中筛选出来制作成装饰物，是一种"从萌芽形态向成熟形态过渡的史前艺术品"。先民玉石分化的行为孕育了玉器的起源，从而揭开了中国玉文化的序幕。在长期生存繁衍的过程中，先民们经历了自然崇拜、图腾崇拜和祖先崇拜，并产生了专门从事祭祀礼仪的神职人员——"巫觋"。而他们往往又是氏族部落的首领，同时又担负起祭天礼地、沟通人神的职责，成为至高无上的"神"的化身。在万物有灵的原始宗教影响下，玉的功能由装饰之物转化为神物。巫觋是玉器的设计者与使用者，他们赋予玉特殊的形饰，促成了用玉等级制度和礼制的形成，并培养了一批精于琢制玉器的工匠，成为史前艺术发展的奠基人和推动者。自此，史前美术的审美发生和艺术创造中渗入了浓厚的原始宗教崇拜，其发展重心也逐渐由生活器皿发展而来的陶器艺术转向以装饰品和祭祀礼器为主的玉器艺术，推动了史前美术发展由物质创造走向精神创造。

图腾崇拜与祖先崇拜。随着人类图腾崇拜意识的深入，玉器纹饰因具有图腾标志的神圣含义，自然也增添了浓郁的神化色彩。祖先崇拜是以祖先亡灵为崇拜对象的宗教形式，是由图腾崇拜过渡而来的，从此图腾物被想象成人格化的神。《山海经》中的神灵，多以半人半兽的形象出现，比如人面蛇身的女娲，虎身九尾、人面虎爪的陆吾，都可能是由蛇、虎等图腾演变而来的图腾神。随着氏族社会的发展，当某一氏族获得部落的主导地位之后，该氏族的图腾保护神会上升为本部落的保护神。纹饰也随其用途而改变，较之前的几何纹复杂了许多，多以经过抽象、概括、神化色彩很浓的兽面纹出现，富有极强的艺术性及感染力，由远古时代的物化美演化为神化的美。严格的用玉制度，繁缛神秘的纹样，出神入化的琢玉技艺，构成了不同于黄河流域史前美术的艺术风貌。

良渚神徽的创作背景。反山遗址出土玉器上以镂雕或阴刻等方式装饰的神人兽面纹，是整个良渚文化最重要的统一形象，称为良渚"神徽"。作为一种艺术图案，它的生命力主要依靠象征性维系，神徽的塑造与巫政合一的社会统治形态有直接关系，很可能就是良渚古国缔造者的神化形象。瑶山、反山墓地的主人们手握象征神权的琮、代表王权和军事指挥权的钺、体现财富的璧，显示了他们是凌驾于部族平民之上，享有特权的权贵阶层。刘斌认为："良渚玉琮既是图腾神的产物，又是图腾神的附着体，巫师们正是通过对玉琮的占有和控制，达到了对神权的垄断。"纹饰的繁缛代表权力和等级，因此完整形态的神人兽面纹绝不会出现于一般的贵族墓，这种现象也反过来说明，这一时期良渚人的原始宗教达到了极盛，神人兽面纹完全成为身份、地位和权力的象征，其使用有着极其规范的礼仪禁忌。良渚玉琮器型从圆到方，从早期扁矮型到晚期多节型的演变规律，神人兽面纹组合也从繁复、具象逐步拆分、简化、抽象化，器型与纹饰变化贯穿良渚文化始终，反映了整个社会在精神领域的高度认同。经过了从具象到抽象，从巫术到宗教，从多元图腾到统一神灵的变化过程，这些纹样已根深蒂固地植入良渚人的脑海之中，成为他们的精神信仰。

玉器典型纹饰研究。良渚文化的玉器纹饰繁缛精美，形制严谨奇特，有着丰富的文化内涵和高度的艺术成就，是史前玉器艺术的代表，其典型纹饰有神人兽面纹、鸟纹、龙首纹和卷云纹四种类型。

一、神人兽面纹：良渚神徽

玉器上的纹饰是良渚人思想观念与审美意识的重要反映，被称为良渚"神徽"的神人兽面纹绝不是简单的艺术符号，它历经了从对玉石的物质崇拜过渡到具有特殊象征意义的符号的过程，是超越现实物象的精神呈现，富含良渚崇拜的因素。

反山和瑶山是良渚玉器纹饰集大成之地。在此之前，人们看到的玉器纹饰都是较为简化的带獠牙的兽面纹。标准的神人兽面纹出现在反山12号墓出土的M12:98玉琮直槽和M12:100玉钺本体上，纹饰繁缛精细、浅浮雕与阴线刻相结合的微雕技艺令人叹为观止，为解读良渚文化玉器上的类似纹样提供了标准的图像范式（图3）。

神人兽面纹的构成元素是解读图意的关键。关于兽面纹原型的探讨，一直没有得到确切统一的结果。有研究者认为是虎、猪、龙、鸟等，也有认为是一种想象出来的观念动物，即将不同猛兽身体的强大部分予以重新组合，象征具有这些猛兽力量的叠加。对于神人和兽面关系的解释也不完全一样，归纳起来大致有五种观点。一是神人御兽说，以张光直先生提出的巫蹻说为代表；二是人兽合一说，最早由《浙江余杭反山良渚墓地发掘简报》中提出，牟永抗将这个图形视为人形和兽面复合的图像，认为"既可认作在兽面的表象里包含着人形的精灵，也可认作兽的精灵已具有人的形状"；三是兽面为主说，有学者认为上面的人形仅是兽面的附属部分，也就是戴有人形冠饰的兽面，以黄厚明的鸟

图 3　反山 M12:98 玉琮直槽上的神人兽面纹
（采自《文物》1988 年第 1 期）

祖形象为代表；四是整体神徽说，刘斌从雕刻层次、尺寸、发展
演变三个角度分析认为该图案所表现的应该是一个整体的神的形
象，不应该有人兽之分；五是多重意义说，李学勤指出该图案可
从视为整体，或者上下两部分的重合，或视为以兽面为主三个层
次去理解纹饰所显示的图像，互相并不矛盾，可能都是原设计者
的目的。

　　二、鸟纹：人神沟通使者

　　鸟纹的数量不是很多，主要见于玉琮、冠状饰、玉璜、三叉
形器等器形上。除圆雕玉鸟和鸟立高台图符外，鸟纹一般位于神
人兽面纹左右或下方的从属位置，与神人兽面纹相伴出现。

　　东南沿海地区的史前文化中广泛存在鸟图腾崇拜的信仰及习

俗。先民们认为翱翔于天际的鸟是沟通天地的灵物，能够为人们传递祈求和佑护，且候鸟迁徙与耕种时令和稻作丰收密切相关，于是在情感和想象的基础上对鸟产生了特殊的崇拜，以鸟为图腾代代相传，其源头可追溯到7000年前的河姆渡文化中。神话传说进一步丰富了鸟崇拜的内容，远古流传着太阳和鸟的神话，如十日神话与金乌负日，这些传说中鸟与太阳有着互相替代的等同关系，反映了远古先民"崇鸟敬日"观念的由来。崇鸟敬日观念及鸟形象的创作成为史前美术创作的重要题材之一，鸟日图像的结合是一个常见的艺术表现形式。早在新石器时期的仰韶文化与河姆渡文化中已经出现大量鸟形象和鸟纹图案，比较典型的如双鸟朝阳纹象牙蝶形器、鸟龙纹彩陶盆等各类鸟纹样及鸟形器，这些鸟图腾的艺术品无疑与原始先民的精神信仰有关。

从出土器物上看，良渚文化的玉鸟灵动小巧，对应类似燕雀之类的鸟形象。尽管有器形载体、琢刻位置、纹饰繁简、具象抽象等方面的差异，但玉鸟纹饰的构成元素和表现风格却十分相近，鸟纹由鸟首、脖颈、垂囊（或鸟爪）、鸟身和鸟尾组成。鸟首外凸，尖喙短小，脖颈连接鸟首与鸟身，羽翼丰满上扬，两侧以稍凸的重圈纹表示鸟的双眼，线条流畅生动。繁缛鸟纹的鸟眼大多通过填刻圆形卷云纹，如反山M12:100玉钺王（图4右侧），卷云纹两端有时也以弧边小三角形纹装饰，如瑶山M2:1冠状器上的鸟眼（图2）；或由多道同心圆形成重圈，并以三道线束等分来表现，如反山M12:98玉琮、反山M22:11冠状器的鸟眼；而简化鸟纹的鸟眼都采用管钻单圈来表现。鸟身和鸟尾的表现手法与兽面大眼几乎一致，刘斌称之为"载有神眼的鸟纹"。蒋卫东认为"这样的表现形式或许透露出良渚文化神兽与鸟灵间互为表里的亲密关系"。

图 4　玉琮和玉钺上的繁缛鸟纹
（采自《反山》）

　　史前鸟形象遗存主要集中在河姆渡文化和良渚文化中，两者时空前后相接，以一种相对稳定的造型结构和母题元素前后承续，内在发展、变化线索明显。良渚文化的圆雕玉鸟、玉器上琢刻的鸟纹或鸟立高台图符，均可视为东南沿海地区崇鸟文化的承袭与发展。从表层结构形式分析，鸟形象可分为鸟形器和鸟纹样两种形态，前者为空间造型形式，后者属平面造型形式。两者的置放环境和形态表现手法虽然不同，但其内涵和功能具有不可割裂的关联性，从而产生了不同的观察和研究角度，丰富了对鸟形象的认识。从鸟形象历时数千年的时空演变轨迹可以看出，太阳和鸟是原始先民最初的自然崇拜，随着人的自我意识的增强，人类从自然崇拜阶段进入到祖先崇拜阶段，于是祖先神又以人格化的神人兽面的鸟祖形象出现，其拟神化轨迹体现了人们的崇鸟观念作为一种文化传统的逐渐丰富和成熟。

　　三、卷云纹：原始崇拜的意象符号

　　卷云纹通常作为玉礼器细部的装饰地纹，其产生于良渚人对太阳、水涡、云气、指纹等自然现象的崇拜，或是蛇、鸟等动物崇拜的抽象概括，充满神秘、朴素之美。良渚文化卷云纹线条生动灵活，细致柔美，不仅对器物起到装饰美化的作用，更是一种表现良渚人信仰和审美的象征符号。在反山 12 号墓出土的玉权杖（M12∶103）的瑁上，浅浮雕的神人兽面纹周围用阴线刻细密装饰着繁缛的卷云纹，以图案化形式满饰玉瑁器身，尽显良渚人巧夺天工的微刻技术。卷云纹是原始装饰纹样几何纹的一种，由线构成，线的旋转形成各异的点，以线束相连密集铺成面，通过线条的微妙变化，使其产生了独具个性的形式美语言。良渚人在原始的生产条件下，以非凡的毅力和耐心，怀着信仰的力量琢磨出繁缛精美的卷云纹，用线条将旋转流畅、率性灵动的艺术美感表现出来，使得卷云纹在奔放中不失韵律，散漫中不失秩序，烘托主题纹样的同时，增加了视觉上的弹性和张力，造就了独特的视觉效果。

卷云纹的纹饰单元主要有三种形式：Ⅰ式以旋转的螺旋纹和线束编织而成，一般用作地纹；Ⅱ式以螺旋纹和小尖喙组合的变体神鸟纹组成（图 5），最具崧泽—良渚特色；Ⅲ式与兽（鸟）目的重圈纹交互旋转的线束，配合周围填刻的细小螺旋纹和短弦纹组成，出现在反山、瑶山的一些冠状器和三叉形器上，作为神人兽面组合中的鸟、兽的抽象表达（图 6）。卷云纹的象征性语义由"观物取象"而来，是原始崇拜的意象符号，能增强器物的"神力"。在艺术表现上，作为一种原始装饰纹样，已初步具有变化与统一、对称与均衡、节奏与韵律的形式美，具备适合纹样的特征，反映出我国史前纹样的萌芽时期，就已注重实用与美观、器形与装饰统一。

四、龙首纹：良渚人的早期崇拜

龙首纹是良渚玉器中的另一种重要纹饰，它的表现形式并非平面刻划而是立体雕琢的，多见于圆牌饰，偶见于镯、璜等器物

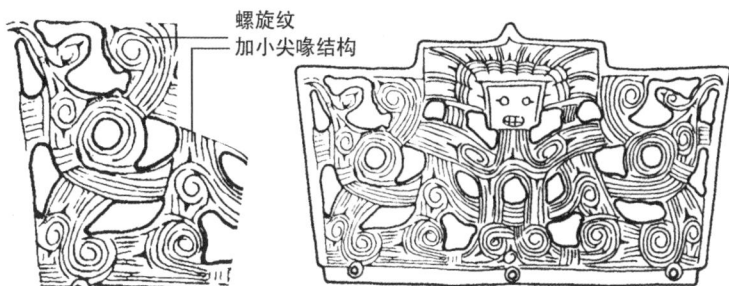

图 5 反山 M15:7 冠状器
（卷云纹Ⅱ式）

图 6 反山 M14:135 三叉形器三叉顶部纹饰
（中间为卷云纹Ⅰ式，两侧为卷云纹Ⅲ式，原图采自《良渚玉器线绘（增补版）》）

的边沿，以及做成片状的牌饰上，是反山、瑶山考古发掘后确立的一种新的主题纹样，形态极似中国传统的龙纹（图7）。这类器物出现于良渚中期偏早阶段，到了中期以后基本绝迹，可见龙首纹的流行时间并不长。

### 3.4 匠心传承：出神入化的琢玉工艺

良渚文化玉器是中国史前玉器发展的巅峰，制玉工艺水平令人叹为观止。良渚并不缺少大型的玉料，但无论在多大的玉器上，神人兽面纹都保持着不大的尺寸，始终向精细化而非差异化的方向发展，细致处1毫米宽度内竟刻着四五条细线，并仍能保

图 7 瑶山 M1:30 龙首纹环镯拓片

（图片采自《瑶山》）

持线条的自然流畅，堪称"微雕"。不难想象，这样的纹饰并非为了"给人看"，而更可能是为了"给神看"。

就近取材的制玉原料。良渚文化玉器的原料多数是透闪石—阳起石系列软玉，《山海经》提到苕水出于"浮玉之山"，北流注于具区。这里具区就是太湖，苕水即为苕溪，相应地可推测出良渚古城所依傍的天目山，就是良渚文化的玉器原料的来源地"浮玉之山"。蒋卫东认为太湖流域的史前玉器原料可确认产于天目山脉、宜溧山脉、茅山山脉的个别山体中，且玉料产地不会局限于一两处矿源。

出神入化的琢玉工艺。玉在雕琢成器的过程中有多道复杂的工艺过程，由于金属工具尚未出现，良渚玉器的制作完全依赖于石质和某些有机质的工具，至于是否使用砣具还没有得到考古论证，在这样条件下制作高难度工艺的良渚文化玉器，在今天看来仍很神奇。研究人员根据多年来考古发掘实物，以及玉器上各种切割痕迹中发现良渚人在治玉技术上普遍采用砂解法，即用工具加解玉砂和水通过摩擦来切割玉料，一般经过开料制胚、切割、钻孔、雕刻、打磨等工艺流程。

微雕的浅浮雕和阴线纹相结合的工艺，各具装饰美，充分显示了良渚玉器匠人高超的琢玉水平。良渚玉器工艺中最精湛的是雕刻工艺，有浅浮雕、阴线刻、圆雕、透雕等技法，一般认为是使用硬度较大的石质刀具、鲨鱼牙齿等琢刻工具，借助玉砂等中介物来完成。浮雕以线和面结合的方法增强画面的立体感，通过把纹饰主题向高的地方突出来强化主题表达；阴线刻是把纹饰主题用阴刻线的方式画出来，良渚文化玉器的阴线刻工艺可称得上鬼斧神工，反山 M12:98 玉琮直槽上的神人兽面像的完整形象，最初不是发掘过程中发现，而是在整理时通过镜头冲刷出的照片发现的，这段花絮也说明了良渚古人阴线刻纹技术的精微与神奇；透雕又称镂空雕，通过图案的巧妙组织，将纹饰穿透雕空以凸显轮廓。良渚玉器上所体现的琢玉技艺精湛，风格多样，浅浮雕生动，阴线刻雅致，透雕精致奇巧。

### 3.5 传承之道：文化传承与历史记忆

一个国家的文物就是它的灵魂（张光直语）。良渚文化是具有代表性的中华文明之"源"，不仅是中华民族的文化瑰宝，也是全人类共同的文化遗产。良渚先民在建城筑坝时体现的开拓与创新精神，琢玉工艺中体现的匠心精神，积淀为中国文明传统中最有价值的部分之一，不仅繁荣了五千多年前的良渚王国，更是滋养了当代文明，是提升文化自信的重要精神源泉。

古杭州就在这里，良渚文化可能成为当代杭州的一个城市符号。严文明在《良渚随笔》中回忆，1977年参加长江下游新石器时代文化学术论坛会后，与著名考古学家苏秉琦等人来到莫角山前，探讨良渚遗址的"国家"性质。严文明说良渚遗址是良渚文化的中心，如果说良渚文化是一个国家，良渚遗址应当是其首都。苏秉琦说良渚是"古杭州的所在地"。杭州应该从这里起步，后来才逐步向钱塘江发展。

"中华五千年文明实证"的良渚文化以其深厚的文化内涵和历史底蕴，完全具备成为代表"杭州韵味"的潜能。推进良渚文化品牌传播和文创产品研发的驱动力，不仅来自良渚文化自身繁荣发展的内在需要，更是契合了杭州建设"独特韵味、别样精彩的世界名城"的需求。课题研究团队将教学与科研相结合，以良渚文化玉器典型纹饰为设计原点，通过良渚IP形象设计、新年红包和福贴产品设计（被良渚古城遗址公园采用）、良渚纹饰连连看APP界面设计、良渚咖啡杯设计、海报设计等实践项目，探索用现代设计方法创新演绎的实践之路，并举行良渚文化教学成果展（图8-9），推动良渚文化玉器的社会认知和美学传播。

### 4. 研究总结

良渚文化玉器承载着深厚的历史文化内涵，是探寻远古社会形态、宗教信仰、史前艺术的活化石。玉器纹饰是一种具有特殊象征意义的符号，反映良渚人的审美意识以及观念形态。这些符号在良渚时期即已变化多端，了解它的组合与拆分，提取器物造型和纹饰上的设计元素，使设计有根可循，既有良渚风格，又符合现代审美。越是传统的文化元素，越要用创新激发其活力。在良渚品牌 IP 形象设计，文创产品的设计研发上一定要注重传统良渚元素的现代表达，增加文创产品的文化附加值，使文创产品既传承悠久文化，又不失时尚韵味。

图8 良渚文化教学成果展
（海报设计，咖啡杯手绘）

图9 良渚文化教学成果展
（品牌形象设计，新年红包和福贴设计）